AF502906

# ÉLÉMENTS

## DE

# DROIT INTERNATIONAL PUBLIC

PAR

## Franz de HOLTZENDORFF

PROFESSEUR A L'UNIVERSITÉ DE MUNICH

TRADUIT DE L'ALLEMAND

PAR

## Georges Chr. ZOGRAPHOS

DOCTEUR EN DROIT

## PARIS

LIBRAIRIE NOUVELLE DE DROIT ET DE JURISPRUDENCE

# ARTHUR ROUSSEAU

ÉDITEUR

14, RUE SOUFFLOT ET RUE TOULLIER, 13

—

1891

# PRÉCIS

## DE

# DROIT INTERNATIONAL PUBLIC

# ÉLÉMENTS

## DE

# DROIT INTERNATIONAL PUBLIC

PAR

## Franz de HOLTZENDORFF

PROFESSEUR A L'UNIVERSITÉ DE MUNICH

TRADUIT DE L'ALLEMAND

PAR

## Georges Chr. ZOGRAPHOS

DOCTEUR EN DROIT

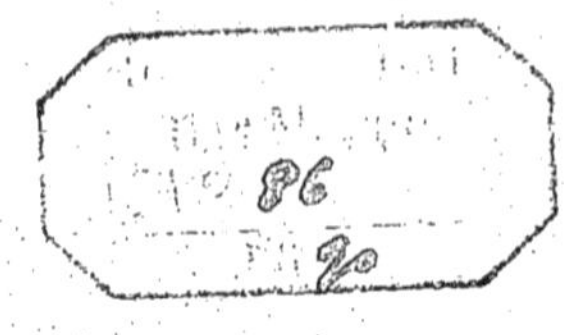


---

# PARIS

LIBRAIRIE NOUVELLE DE DROIT ET DE JURISPRUDENCE

## ARTHUR ROUSSEAU

ÉDITEUR

14, RUE SOUFFLOT ET RUE TOULLIER, 13

—

1891

# AVANT-PROPOS

L'affaire Schnæbele avait failli mettre en feu l'Europe entière. En France, les esprits étaient surexcités. On se demandait, et avec raison, ce que signifiaient ces violations répétées du droit des gens. Les incidents de frontière prenaient la forme de véritables provocations. Pour des raisons diverses, plusieurs membres du ministère penchaient, dit-on, vers une solution violente. La modération du peuple français, la sagesse de l'homme d'État qui dirigeait alors les destinées de l'empire d'Allemagne constituaient, il est vrai, des garanties solides pour le maintien de la paix, mais enfin, si la France avait revendiqué ses droits les armes à la main, aurait-on pu lui reprocher d'avoir déclaré, injustement, la guerre?

J'eus l'heureuse occasion d'entendre à ce sujet l'opinion de M. de Holtzendorff : « On cherche, me dit-il, à nier la responsabilité de l'Allemagne en alléguant que le cas d'une telle arrestation n'a été ni prévu, ni condamné par les publicistes célèbres. L'oubli, à mon avis, n'est pas bien grand. Si l'on veut absolument trouver la solution de ce grand problème dans la pratique des nations, on n'a qu'à jeter les yeux sur le continent africain. Souvent le chef d'une tribu sauvage invite le chef d'une tribu voisine à venir s'entendre avec lui, pour terminer à l'amiable un différend qui les divise. Quelle que soit l'issue de l'entrevue, le chef invité pourra quitter librement le territoire de son ennemi, sans que celui-ci saisisse cette occasion et encore moins ce prétexte pour le retenir prisonnier. Or, ce prétexte, les Allemands l'ont saisi ; Schnæbele est tombé dans un piège indigne, et j'espère que l'Allemagne ne refusera pas la réparation qui est due à la France et à la civilisation. »

J'ai cité cet exemple pour expliquer le motif qui m'a déterminé à entreprendre cette traduction. J'ai pensé qu'il était utile de faire connaître au public français les idées d'un homme qui, dans une situation aussi grave, pouvait élever la voix en faveur de la justice et de l'humanité. Si, de part et d'autre, on pouvait juger les choses d'une manière aussi impartiale, si, de part et d'autre, on n'était pas toujours aveuglé par des sentiments regrettables, le monde aurait, peut-être, la joie d'apprendre la réconciliation de deux grandes nations.

A défaut de Code universel, de loi suprême réglant les relations des peuples entre eux, les écrits des grands publicistes prennent, en matière de droit international, une importance qu'on ne saurait leur accorder dans aucune autre partie du Droit. Quelqu'illustre que soit un jurisconsulte, partout ailleurs il n'est qu'un commentateur. Ici, il participe à la puissance législative. Son ouvrage devient une source du droit des gens. Certes, il ne suffit pas à un publiciste d'émettre une opinion pour que les États l'acceptent et s'y conforment comme à une loi. Le grand renom, les vastes connaissances ne sont pas toujours des garanties suffisantes. Par-dessus tout, ce qu'il faut, c'est l'impartialité. Mais une impartialité pleine et entière, une impartialité qui ne faiblisse ni devant l'intérêt, ni devant l'ambition, une impartialité qui ne se démente même pas dans les moments vraiment terribles où les intérêts les plus sacrés de la patrie sont en jeu. Ce courage d'esprit, Holtzendorff l'avait. Il avait, en outre, cette érudition profonde, cette noble élévation de sentiments, qui fixent l'attention, attirent les sympathies et font aimer l'homme et admirer l'écrivain. Sans doute, Holtzendorff n'était pas un idéologue rêvant d'effacer les nationalités et de fondre le genre humain en une seule patrie, en une seule nation. L'amour de l'humanité n'avait pu détruire en lui l'amour de la patrie, mais il avait pu, pour ainsi dire, l'humaniser. Le patriotisme était resté, mais l'égoïsme national avait disparu. Quand il juge, il a en vue la vérité et non pas l'Allemagne; aussi, ses jugements sont-ils solides, éprouvés, durables, et c'est à juste titre qu'ils font autorité.

Ses idées sur les différentes questions qui touchent au droit international, de Holtzendorff les a développées dans de nombreuses publications et principalement dans le traité de Droit international qu'il a publié, dans ces dernières années, en collaboration avec d'autres jurisconsultes éminents (1). Mais, outre l'étendue considérable de l'ouvrage qui ne le rend pas accessible à tous, ce livre a encore l'inconvénient d'avoir été écrit par plusieurs auteurs. Le *Précis du droit des gens* que de Holtzendorff a inséré dans son *Encyclopédie juridique* (2) offre, au contraire, l'avantage d'être en entier son œuvre et de présenter une exposition concise, méthodique et savante de l'ensemble du droit international. Eu égard au cadre étroit de l'ouvrage, l'auteur n'a pu, il est vrai, entrer dans de longs développements et citer de nombreux exemples, mais il a tracé, de main de maître, les grandes lignes ; il a exposé les principes généraux qui doivent présider aux relations internationales, il a donné les renseignements bibliographiques nécessaires et il a mis ainsi le lecteur à même de chercher, avec un guide sûr, la solution des questions qu'il voudrait approfondir. M. Rivier a dit de ce livre : « qu'il n'existe aucun autre aperçu de tout l'ensemble du droit des gens qui, sous une forme aussi condensée, soit plus riche et plus complet ». L'appréciation est juste, et le succès que ce traité a obtenu l'a pleinement confirmée. Déjà la quatrième édition était épuisée et de Holtzendorff en préparait une cinquième, lorsque la mort le frappa. Cependant cette nouvelle édition vient de pa-

(1) Franz von HOLTZENDORFF. *Handbuch des Vœlkerrechts,* 1885-1889. 4ᵉ vol. (Verlagsanstalt und Druckerei Actiengesellschaft in Hamburg.)

(2) Franz von HOLTZENDORFF. *Encyklopædie der Rechtswissenschaft,* Leipzig, Duncker und Humblot, 1890. 5ᵉ édition.

raître. Elle est donnée par M. Stœrk, professeur à l'U-
niversité de Greifswald et associé de l'Institut de droit
international. On ne pouvait, à coup sûr, confier à un
écrivain plus distingué le soin d'annoter l'ouvrage de
M. de Holtzendorff. M. Stœrk s'est brillamment acquitté
de sa tâche et on peut dire, sans exagération aucune,
qu'il n'a pas publié une nouvelle édition de l'œuvre de
Holtzendorff, mais un livre nouveau dont la valeur scientifique et pratique est supérieure à celle de l'ancien.
Nous, cependant, nous n'avons emprunté des notes de
M. Stœrk que ce qui était indispensable pour mettre le
lecteur au courant des publications récentes et des événements qui se sont passés depuis 1882 (1). Le motif
qui nous a fait adopter ce plan de travail est purement
personnel. En traduisant le *Précis du droit des gens* de
M. de Holtzendorff, j'ai voulu rendre hommage à la mé-
moire du maître regretté qui, avec une bienveillance
sans égale, m'avait guidé dans mes débuts et aidé dans
mes études. Ainsi, le but que je poursuis ne peut être
identique à celui que poursuivait M. Stœrk. Cet auteur
avait à compléter et à remanier le texte primitif, moi,
j'ai à le respecter et à le conserver intact. Je prive ainsi
le lecteur français d'annotations précieuses, mais on
excusera cette faute en prenant en considération la raison qui me la fait commettre.

G. Ch. Zographos.

(1) Les notes empruntées à M. Stœrk sont précédées de la lettre S.

# I. — OBJET HISTORIQUE ET SOURCES DU DROIT DES GENS.

## § 1. — Fondement et définition.

Après de longues luttes, après des inimitiés mortelles, tous les États policés ont acquis la conviction qu'il existe entre eux une communauté d'intérêts moraux et matériels qui les relie étroitement. Les États sont souverains, il est vrai ; c'est leur volonté seule qui leur dicte la loi, et nulle autorité sur terre ne peut s'imposer à eux. Mais, de même que le citoyen, tout en conservant son individualité, est soumis à l'État, de même aussi l'État, malgré sa souveraineté, trouve une limite à sa toute-puissance dans l'idée de l'humanité qui embrasse toutes les nations.

Dès que l'égoïsme national ne condamna plus les citoyens d'un État à demeurer, pour ainsi dire, isolés du reste de la terre, dès que l'égalité de tous les hommes devant le droit privé fut reconnue, l'idée de l'humanité, qui se faisait peu à peu jour, trouva enfin la condition primordiale de son développement. C'est cette idée qui donna naissance au droit des gens. Le droit privé, qui

aida si puissamment à la formation du droit international, en retira le plus grand avantage. Grâce aux obligations réciproques des États, la sanction dont il jouissait a gagné encore en force, en puissance. Elle s'étend
aujourd'hui sur toutes les parties du monde où la civilisation a pénétré. Quelle atteinte à l'autorité de la loi
civile, si le fait d'avoir franchi les limites d'un territoire devait faire dépendre les droits d'un citoyen de la
volonté arbitraire d'un État ou d'un fonctionnaire étrangers ! Pour assurer ces droits, surtout dans les temps
de communications faciles dans lesquels nous vivons,
il fallait des garanties solides qui les sauvegardent au
delà même du lieu de domination des lois territoriales.
C'est en cela que le droit privé trouve son point de contact avec le droit des gens. Le premier règle les rapports
des individus entre eux ; le second pose les règles des
relations entre États indépendants.

Cette définition nous apprend que seuls les États indépendants et libres dans leurs rapports avec les autres
États peuvent être considérés comme sujets du droit
des gens. Quant à la fonction que ce droit doit remplir,
on peut la formuler de la manière suivante : régler les
questions qui intéressent toutes les nations civilisées ;
garantir l'indépendance de chaque État existant ou
ayant droit à l'existence. Ainsi l'organisation de la justice dans un État est la même que l'organisation de la
justice dans le monde. L'État doit prêter aide à chaque
citoyen ; il doit le protéger contre les violences auxquelles des intérêts contraires aux siens l'exposent,
mais, en même temps, il doit défendre la communauté

et l'ordre public contre toute révolte. La tâche qui incombe au droit des gens est double également. Il doit veiller à ce que l'arbitraire d'une nation ne viole pas les obligations morales qui sont attachées à l'idée de l'humanité et il doit couvrir de sa protection l'indépendance de chaque État pour empêcher qu'on ne l'opprime.

Concilier les exigences des idées cosmopolites avec l'idée de l'indépendance de l'État, voilà la notion fondamentale sur laquelle est basé le droit international.

S. — BIBLIOGRAPHIE. — *Fondements du Dr. des Gens :* v. GAGERN, Kritik des Vœlkerrechts, 1840 ; FALLATI, Genesis der Vœlkergesellschaft, dans la Tübinger Zeitschrift, V. I ; v. KALTENBORN, Kritik des Vœlkerrechts ; ARENDT, Le droit des gens et la politique, dans la Revue catholique, 1870 ; E. BRUSA, Idea fondamentale del diritto, e del diritto internazionale in ispecie, 1872 ; SCHIATTARELLA, Propedeutica al diritto internazionale, 1881.

*Caractère positif du Dr. des Gens :* Les Manuels de MARTENS (1787), SAALFELD (1809), SCHMELZING (1818) ; v. DROSTE-HULSHOFF, Lehrbuch des Naturrechts (1831), 2e édition ; SCHILLING, Lehrbuch des Naturrechts (1863), II, 237 et s. ; SAVIGNY, Système des rœmischen Rechts, I, § 11 ; TRENDELENBURG, Naturrecht auf dem Grunde der Ethik (2e édition, 1865), p. 896 ; BIERLING, Zur Kritik der juristischen Grundbegriffe, I (1877), p. 189 et s. ; THON, Rechtsnorm und subjectives Recht, p. 8 et s. ; v. HOLTZENDORFF, Handbuch des Vœlkerrechts, I ; RIVIER, Lehrbuch des Vœlkerrechts, § 1 ; C. BERGBOHM, Staatsverträge und Gesetze als Quellen des Vœlkerrechts, 1877 ; R. v. IHERING, Der Zweck im Recht (2e édition, 1884), I, 320-329. LE MÊME, Der Kampf ums Recht, 7e édition, Vienne, 1884 ; F. v. MARTENS (BERGBOHM), Vœlkerrecht, I, § 2 ; GEYER-MERKEL, Philosophische Einleitung in die Rechtswissenschaft (dans l'Encyklopædie der Rechtswissenschaft de Holtzendorff, 5e édition, 1890, p. 5 et ss.). BULMERINCQ dans le Handbuch de Marquardsen, I, 2, 190 ; DAHN, die Vernunft im Recht, p. 60 et ss. ; LABAND, Staatsrecht des deutschen Reiches, 2e édition, I, 626 et ss. ; E. MEIER, Ueber den Abschluss von Staatsverträgen ; JELLINEK, Die rechtliche Natur der Staatsverträge ; G. MEYER, Lehrbuch des deutschen Staatsrechts ; v. LARWEY, Württembergisches Staatsrecht ; SEEBOHM, On international reform., 1871 ; E. C. Clark, Practical Jurisprudence, Cambridge, 1883, p. 130 et ss. ; A. Pierautoni, Trattato di diritto internazionale, vol. I, § 30 (Rome, 1884) ; L. Renault, Introduction à l'étude du Dr. international, 1879, p. 6 et ss.; Pradier-Fodéré, Traité de Dr. International public, 1885, t. I, p. 26 et ss.

*Adversaires du Dr. des Gens.* Puchta, Gewohnheitsrecht, I, p. 142 et ss.; A. Lasson, Princip und Zukunft des Vœlkerrechts (Berlin, 1871).; Ph. Zorn, « die deutschen Staatsvertræge ». Tübinger Zeitschrift für die gesammte Staatswissenschaft, XXXVI ; Le même, Staatsrecht des deutschen Reichs, Berlin, 1883, II, p. 419 et ss.; Reÿneval, Institutions du Droit de nature et des gens, livre I, § 8, nº 10; Austin, The province of Jurisprudence, p. 208 ; John Leightwood, The nature of positive Law, Londres, 1883 ; J. Westlake, A treatise on private International Law (2e édition, 1880), p. 3.

*Pour ce qui concerne la question des règles des relations internationales et de l'empire géographique du Droit des gens,* voir : Holtzendorff dans le Handbuch des Vœlkerrechts, I, 15 et ss. ; Stœrk, dans le même ouvrage, II, 585 et ss. ; Hamaker, Das internationale Privatrecht, p. 15 et ss. ; Laurent, Droit civil international, I ; Phillimore, Commentaries IV, 770 et ss. ; Bluntschli, Die Bedeutung und Fortschritte des modernen Vœlkerrechts (Sammlung wissenschaftlicher Vortræge, fascicule 2).

*Les anciens auteurs s'étaient occupés fort peu des principes qui doivent présider aux rapports internationaux.* Voir maintenant sur cette question : Adolf Trendelenburg, Lücken im Vœlkerrecht, in Anlehnung an Kants philosophischen Entwurf zum ewigen Frieden; Savigny, System des heutigen rœmischen Rechts, VIII ; Mohl, Die Pflege der internationalen Gemeinschaft als Aufgabe des Vœlkerrechts ; Bulmerincq, Vœlkerrecht, § 4 et ss. Heffter-Geffcken Vœlkerrecht, § 8 et ss. ; v. Holtzendorff, Principien der Politik, p. 148 et ss.; Bulmerincq, Systematik des Vœlkerrechts ; Geyer, Ueber die neueste Gestaltung des Vœlkerrechts, Insbruck, 1866, p. 20 et ss. ; Fricker, Das Problem des Vœlkerrechts, Tübinger Zeitschrift, XXVIII et XXXIV ; Mohl, Staatsrecht, Vœlkerrecht und Politik, I ; (Martens-Bergbohm), Vœlherrecht. Das internationale Recht der civilisierten Nationen, I, § 87 ; Oppenheim, Philosophie des Rechts und der Gesellschaft, p. 162 et ss. ; Stœrk dans le Wœrterbuch des Verwaltungsrechts (Staatsvertræge) de Stengel.

## § 2. — Le Droit international chez les anciens.

Appelé à régler les rapports des États entre eux, le droit des gens a subi l'influence des idées que les nations se sont successivement faites sur la nature des relations qu'elles devaient entretenir avec les autres peuples. Aussi y a-t-il lieu de distinguer différentes époques dans l'histoire du droit des gens.

Jamais une agglomération d'hommes vivant dans l'isolement et sans aucun rapport avec le reste du monde ne serait arrivée à former un État. Ce n'est pas, en effet, une nécessité morale, c'est le besoin dans lequel se trouvait chaque communauté de défendre son existence contre les attaques des autres tribus, c'est la crainte de l'étranger qui a donné naissance à cette organisation des peuples que nous appelons État. Aussi, pour les sociétés anciennes, l'étranger c'était l'ennemi. Langue, famille, religion, mœurs, propriété, droit, étaient les biens de la nation et non pas ceux du genre humain tout entier. Mais comment préserver ces richesses de tout contact, de toute souillure étrangère ? La *monarchie universelle* ou l'*isolement complet* pouvaient seuls aider à réaliser cet idéal que le monde ancien a poursuivi jadis et que plusieurs peuples de l'Orient poursuivent encore de nos jours. Veut-on se faire une idée du rôle qu'Égyptiens, Hindous, Chinois, Juifs, Perses, Phéniciens, Grecs et Romains, en un mot tous les peuples civilisés de l'antiquité ont joué dans le développement progressif des idées fondamentales du droit des gens, il faut les envisager sous les deux points de vue que nous venons d'indiquer. Les uns cherchent à éviter le danger en soumettant les nations étrangères à leur loi ; les autres, en s'isolant dans leur pays. Avec la monarchie universelle, un développement d'ensemble de l'humanité est possible. Il en sera même la conséquence. Mais il est clair que ce développement devient impossible, si des barrières infranchissables séparent les différents peuples. La guerre seule peut alors créer des rapports entre eux, elle seule peut faire connaître à un pays ce qui se passe chez la nation voisine. La guerre et la conquête étaient donc pour l'antiquité les moyens nécessaires pour lesquels l'action civilisatrice du vaincu ou du vainqueur pouvait se frayer un chemin hors des limites nationales. Ainsi, pour entrer en relations avec les autres nations, les anciens ne connaissaient que la guerre, la colonisation, mais la colonisation antique, c'est-à-dire l'occupation du sol de la race conquise par la race conquérante qui s'y établissait, et enfin le commerce. Celui-ci se faisait de deux manières : les peuples, ennemis de toutes relations avec l'étranger, ne voulaient le faire qu'à la frontière seulement, sous forme d'échange. Tout récemment encore, les Chinois échangeaient ainsi leurs produits contre ceux des Européens. L'autre forme fut surtout particulière aux Phéniciens. C'était l'exploitation des autres nations par une seule, qui se livrait au commerce des objets dont elle avait le monopole.

Les résultats obtenus par le monde ancien au profit des relations internationales et qu'il a légués à tous les siècles à venir, sont essentiellement de nature négative. L'antiquité a brisé des entraves, elle n'a pas créé des liens. La philosophie grecque anéantit les religions populaires du sud-est de l'Europe, de l'Asie Mineure et de l'Afrique septentrionale. La langue grecque, devenue la langue de tous les gens instruits, et secondée par la littérature de ce peuple que l'on pourrait appeler le peuple de l'humanité par excellence, facilita l'échange des idées. Enfin les Romains, en reconnaissant l'existence du *jus gentium* à côté du *jus civile*, mirent, pour toujours, un terme à la folle et inique prétention des nations civilisées d'alors, pour lesquelles le reste de la terre ne contenait que des barbares.

Le principal ouvrage est celui de Laurent : Études sur l'histoire de l'humanité, 1850-1870. Les premiers volumes portent encore le titre trop étroit d'Histoire du droit des gens et des relations internationales. Le 1er volume traite de l'Orient, les deux suivants de la Grèce et de Rome : le 4e des commencements du Christianisme. — Voir en outre : Muller-Jochmus, Geschichte des Vœlkerrechts im Alterthum, 1848 ; Rob. Ward, Enquiry into the foundation and hystory of the law of nations in Europe from the time of the Grecks and Romans to the age of Grotius, Londres, 1795 ; Egger, Études historiques sur les traités publics chez les Grecs et les Romains depuis les temps les plus anciens jusqu'aux premiers siècles de l'ère chrétienne, 1866 ; Pierantoni, Trattato di diritto internazionale, 1881. v. Holtzendorff, Introduction au Droit des gens, § 40 et ss.

## § 3. — Le moyen âge.

L'anéantissement de la puissance romaine donna naissance au moyen âge. Le christianisme et le génie propre
aux races germaniques dominent toute cette période.
L'Église représente le premier, le système féodal est la
conséquence de l'autre. A cette époque la religion joue
un rôle inconnu auparavant. Dans l'antiquité, presque
chaque peuple avait sa religion propre. C'était un bien
national. On ne cherchait pas à en faire profiter l'étranger et encore moins à lui imposer une croyance par la
force. Au moyen âge, deux religions luttent pour la
suprématie : la religion chrétienne et l'islamisme. L'une
et l'autre se proclame religion universelle ; l'une et
l'autre aspire à gouverner l'univers et toutes deux sont
déçues dans leurs rêves d'ambition. En vain le monde
chrétien tente des efforts désespérés ; le Coran l'emporte
en Orient. En vain l'Islam s'établit en Espagne et menace la terre où règne le christianisme, la Croix reste
victorieuse en Occident. Mais l'abîme est creusé !
Droit, mœurs, tout séparera à l'avenir ces deux mondes
et nul ne peut prédire le moment où le rapprochement
pourra se faire. C'est en Europe, dans cette terre restée
chrétienne, sur qui le mahométisme ne put régner,
que le droit des gens se forme et se développe. Un dogme
religieux commun et une puissance ecclésiastique qui

se faisait respecter et craindre de tous les États, furent
des instruments admirables pour unir toute la chré-
tienté dans une civilisation commune et pour développer
un même sentiment moral chez toutes les nations de
l'Europe. Utile au développement de l'idée de l'humanité, le moyen âge fut funeste à la notion de l'État.
Pris entre l'unité de l'Église catholique et le morcellement des territoires, conséquence du régime féodal,
l'État semble, pendant un certain temps, devoir être
écrasé. — La Papauté et l'Empire héritent tous les
deux de l'idée de la monarchie universelle que Rome
avait transmise au moyen âge. Le Pape poursuit la domination spirituelle, l'Empereur, la domination tempo-
relle. Pour l'un et pour l'autre, l'indépendance nationale des peuples n'existe pas. — Le développement
économique des nations, et surtout le commerce eurent
aussi à souffrir des fâcheuses conséquences du système
féodal et de l'organisation de l'Église. Tous les deux
l'empêchèrent de prendre l'essor. Cependant c'est au
moyen âge que remonte la première lettre de change ;
elle date, selon toute apparence, de l'an 1250. C'est au
moyen âge aussi que l'on jeta les premiers fondements
du droit commercial moderne. Le commerce maritime
trouve un champ d'action plus vaste. L'institution consulaire est établie dans l'intérêt du commerce international. Les usages barbares de la guerre deviennent plus
humains sous l'influence des sentiments qui animaient
la chevalerie. — Vers la fin du moyen âge, les peuples
de l'Occident secouent la torpeur dans laquelle les avaient
plongés le système féodal et l'Église. Les éléments de

civilisation que le monde ancien pouvait léguer aux siècles à venir, se font jour pour régénérer le monde. Le droit privé des Romains est adopté par les races germanique, romane, et, en partie, par la race slave. Jamais, dans l'antiquité, tant de peuples n'avaient été régis par le droit romain. Des savants grecs apportent en Occident le trésor le plus précieux de leur patrie : la littérature de la Grèce. L'imprimerie, inventée à une époque où la langue latine, comme langue officielle dont se servaient l'Église et les gouvernements, était universellement répandue, rend les ouvrages des savants accessibles à tous, donne une vie nouvelle aux études humanistes et facilite les recherches scientifiques. C'est au moyen âge enfin que l'esclavage cessa d'exister, frappé à mort par les théories égalitaires du Christianisme.

K. Putter, Beitræge zur Vœlkerrechtsgeschichte, 1846.

## § 4. — L'époque de la Réforme.

L'impulsion nouvelle que la Réforme donna à la vie religieuse doit être considérée comme un événement capital dans l'histoire du droit des gens. En proclamant la liberté de conscience, la réforme a, en effet, étendu les droits qui reviennent à l'homme en tant qu'individu et révélé ainsi un principe cosmopolite. Elle a, en outre, ouvert la voie, même pour le monde catholique, à l'émancipation du pouvoir temporel de la tutelle du pouvoir spirituel.

En même temps que cette révolution s'opérait dans le sein de l'Église, l'activité humaine découvrait des terres, des voies maritimes, inconnues jusqu'alors. La découverte du cap de Bonne-Espérance, celle de l'Amérique, ouvrent un horizon plus vaste au commerce maritime et le poussent à tenter des efforts plus considérables. L'importation de produits exotiques crée des besoins nouveaux, des habitudes communes à tous les peuples et joue ainsi un rôle plus important qu'on ne saurait d'abord le croire dans le rapprochement des nations entre elles. La Papauté et le système féodal perdent leur splendeur et leur force premières. Leur déclin marque l'aurore de la puissance de l'État. Les grands États nous apparaissent enfin dans des proportions monumentales derrière le voile qui les cachait et qui s'abaisse lentement. Les relations internationales subissent une transformation profonde. Une nouvelle théorie commence à remplacer l'ancienne. L'espagnol Vitoria (1480-1546) écrit ses : *relectiones theologicæ de jure belli* (publiées pour la première fois en 1557) pour examiner les titres des États européens à la possession du nouveau monde. Il ne reconnaît pas aux vassaux le droit de faire la guerre, et condamne la guerre injuste. Un autre espagnol : Dominicus Sota (1494-1560) étudie dans son livre : *De justitia et jure*, les conséquences juridiques de la guerre sur les populations vaincues, et se montre l'adversaire de la traite des noirs. Francisco Suarez (1548-1617) s'occupe de la même question dans son livre intitulé : *De legibus ac Deo legislatore.* Un quatrième, Balthazar Ayala (1548-1584), grand-juge de l'armée espagnole dans les Pays-Bas, fait paraître un ouvrage : *De jure et officiis belli,* dans lequel il prend en considération les règles du droit des Féciaux. Il n'admet pas, il est vrai, l'esclavage pour les prisonniers de guerre chrétiens, mais il le considère comme légitime à l'égard des prisonniers païens et infidèles. Parmi les auteurs protestants qui ont écrit à cette époque, il faut citer en première ligne Albéric Gentil (1551-1608) qui traita du droit de la guerre (*de jure belli,* 1589) et du droit de représentation (*de legationibus,* 1583). Un Allemand, Conrad Brunus avait déjà fait paraître en 1548 un travail sur cette dernière question.

Deux règles fondamentales du droit des gens datent aussi de cette époque : la protection due aux ambassades permanentes ; l'abolition des guerres privées. Le droit de faire la guerre est reconnu aux États seuls.

Voir sur les auteurs de cette époque : V. KALTENBORN, Die Vorlæufer des Grotius auf dem Gebiete des jus naturæ et gentium sowie der Politik im Reformationszeitalter, 1848 ; THIERCELIN, Les précurseurs de Grotius, dans la *Revue de législation,* 1859 ; REIGER, Commentatio de Alberico Gentili ad condendam iuris gentium disciplinam viam præeunte, 1867 ; DE GIORGI, Della vita e delle opere di A. Gentili, 1876 ; H. WHEATON, Histoire des progrès du droit des gens en Europe et en Amérique, I, 32 ff. ; CAUCHY, Le droit maritime international, II, 11 ; ERNEST NYS, Le droit de la guerre et les précurseurs de Grotius.

## § 5. — Paix de Westphalie.

La paix de Westphalie mit fin, quoique d'une manière
provisoire, à l'animosité qui existait entre les catholiques et les protestants. Cette paix, à laquelle prirent
part tous les grands États du centre de l'Europe, proclama le principe que tous les États souverains, qu'ils
soient catholiques ou protestants, sont égaux entre eux,
et que les différences religieuses ne doivent pas empêcher les nations d'entretenir des relations d'amitié et de
paix. Le pape s'éleva en vain contre cette disposition de
la paix de Westphalie ; elle est restée une des règles
immuables du droit international.

En 1625 Hugo Grotius fit paraître son livre célèbre :
*de jure belli et pacis* qui est le premier ouvrage scientifique écrit sur le droit des gens. Déjà, quelques années
auparavant, il avait publié le *Mare liberum* et le *de jure
praedae*. D'une érudition vaste, d'une grande expérience
politique, s'intéressant vivement aux questions religieuses, connaissant les problèmes de l'économie politique, citoyen d'un État qui défendait alors les principes de la liberté des communications et reconnaissait
seul presque en Europe les droits des étrangers, Hugo
Grotius possédait, en outre, cette noble élévation d'esprit qui lui permit, en réunissant tous les éléments de
culture de l'ancien et du nouveau monde, de fonder la
science du droit des gens. Grotius distingue le droit des

gens naturel (ou, comme on l'a appelé plus tard : philosophique) et le droit des gens positif. La nature même a donné naissance au premier, le consentement des nations forme la base du second. N'oublions pas enfin que le principe de la liberté des mers date aussi de cette époque.

Sur la Paix de Westphalie : J. St. PUTTER, Geist des westfælischen Friedens, 1795 ; J. G. MEYERN, Acta Pacis Westphalicæ publica oder westfælische Friedensverhandlungen, 1734-36. Sur GROTIUS, né en 1583, à Delfft, mort en 1645 à Rostock, v. LUDEN, Hugo Grotius nach seinen Schicksalen und Schriften dargestellt, 1806 ; H. MARQUARDSEN in ROTTECK und WELCKER, Staatslexikon, 3 Aufl. Bd. VIII ; AHRENS in BLUNTSCHLI und BRATER, Staatswœrterbuch ; O. van REES, Oorsprong en Karakter der Nederlandsche Nijverheitspolitiek der seventiende eeuw, Utrecht 1865, I, 304. La dernière traduction française de l'ouvrage de Grotius a été donnée par PRADIER-FODÉRÉ, et la dernière traduction allemande par KIRCHMANN 1869.

## § 6. — Le développement du droit des gens
### jusqu'à la paix d'Utrecht.

Grâce à la politique de Richelieu et de Mazarin, la France avait hérité de la suprématie qu'exerçait en Europe l'Espagne des Habsbourg. Les autres États, pour maintenir l'équilibre européen, formèrent aussitôt des alliances dont la Haye était le centre politique. Une lutte du même genre s'engage entre les États qui veulent dominer sur les mers et ceux qui s'efforcent de sauvegarder les droits des neutres. Des querelles de succession, des agrandissements de territoire, des jalousies suscitées par des intérêts d'un ordre économique, sont les questions que l'on débat avec le plus d'ardeur. Les grandes controverses sur le droit de blocus, la contrebande de guerre, le droit du convoi acquièrent une importance qu'on ne leur soupçonnait même pas auparavant. La méthode du droit civil romain se montre impuissante à résoudre les questions commerciales dans lesquelles des États entiers sont intéressés. La paix d'Utrecht consolide l'idée d'une résistance commune contre toute aspiration de suprématie. La couronne d'Espagne n'échut ni à la France, ni à l'Autriche.

Les auteurs qui, pendant cette époque, se sont occupés du droit des gens, s'élèvent contre la politique de conquête des cabinets et veulent que le droit naturel forme la base des relations internationales. Samuel de Pufendorf et Leibnitz sont les représentants les plus illustres de cette théorie. D'autres, il est vrai, cherchent à justifier les empiétements d'une nation sur l'autre en alléguant des droits de souveraineté. Le plus célèbre de tous est le hollandais Cornelius von Bynkershœk (1673-1743). Son œuvre capitale est le : *De dominio maris*, qui a paru en 1703. Il écrivit, en outre : *De foro legatorum*, 1721 et les *Quœstiones juris publici* 1737. Parmi les auteurs de cette période il faut citer aussi Barbeyrac, le commentateur de Grotiüs (1674-1744).

BLUNTSCHLI, Geschichte des allgemeinen Staatsrechts und der Politik, 3e édition 1884 ; van HOGENDORP, Commentatio de juris gentium studio in patria nostra post Hugonem Grotium. Amstelodami, 1856 ; WHEATON, Histoire des progrès du droit des gens en Europe et en Amérique, 3e édition, Leipzig 1853 ; RIVIER, Introduction au droit des gens etc.

## § 7. — Le dix-huitième siècle.

La paix d'Utrecht avait eu pour but de maintenir l'é-
quilibre européen. L'influence qu'elle exerça sur la politique générale fut considérable. Jusqu'à la Révolution
française, c'est ce traité qui règle les questions et les
relations internationales. Cependant il devient de plus
en plus évident que l'organisation territoriale de l'Europe ne peut être maintenue à la longue dans des limites
conventionnelles. Les sujets du droit des gens subissent
constamment des modifications profondes, qui attei-
gnent surtout leur territoire. L'Espagne et la Suède perdent leur ancienne splendeur. Les États Généraux de
Hollande ne conservent plus la prépondérance que leur
diplomatie leur avait donnée autrefois. La France et
l'Autriche restent, il est vrai, aussi puissantes que dans
le passé, mais deux autres États, la Prusse et la Russie,
insignifiants d'abord, acquièrent petit à petit une importance qui changera un jour la face de l'Europe. Mais,
ce qui caractérise surtout cette époque, c'est la position
maritime de l'Angleterre. Cette puissance obtient la suprématie sur les mers. Elle se crée, par la colonisation
ou par la conquête, un empire colonial immense et occupe ainsi une situation à part au milieu des autres nations maritimes. Le commerce des neutres en temps de
guerre devient la question la plus intéressante du droit
des gens, par suite de l'extension que prennent les rela-

tions commerciales avec les pays transatlantiques. Par la paix d'Utrecht, l'Angleterre avait étendu ses possessions aux dépens de la France et de l'Espagne. Le traité de l'Assiento donna encore à la Grande-Bretagne le monopole de la traite des noirs dans les colonies espagnoles de l'Amérique.

Les principaux traités, conclus pendant le XVIIIe siècle, sont : le traité de Nystadt (10 septembre 1721), le traité de Paris (10 février 1763) entre l'Angleterre, la France et l'Espagne, et le traité de Hubertusburg (15 février 1763) entre la France, l'Autriche et la Saxe. Ces deux traités mirent fin à la guerre de Sept ans. Bientôt après, le royaume de Pologne cesse d'exister. Les trois partages que l'on fit de ce malheureux pays (1772, 1793, 1795) constituent une violation flagrante du droit des gens, qui, malheureusement, n'avait pas été sans précédent et qui a été imitée depuis. En 1681 Louis XIV enlevait Strasbourg en pleine paix ; en 1846 l'Autriche incorporait la ville libre de Cracovie au mépris de tous les traités.

Nous devons enfin mentionner le traité de Versailles (1783), par lequel la France, l'Angleterre, l'Espagne et la Hollande reconnaissaient l'indépendance des États-Unis. Quelques années après, en 1785, un traité fut signé entre la Prusse et les États-Unis. L'importance pratique de ce traité ne fut pas, il est vrai, très grande, mais les dispositions qu'il contient sur la guerre maritime et les conséquences de la déclaration de guerre sur le commerce des sujets des parties belligérantes lui donnent une haute importance historique.

En 1780 la Russie forma avec d'autres puissances
continentales une alliance, connue sous le nom de
neutralité armée, pour protéger le commerce maritime
des neutres contre les prétentions de l'Angleterre. Une
nouvelle alliance (seconde neutralité armée) conclue
en 1800 entre les États que baigne la mer Baltique proclama de nouveau ces principes.

Les idées théoriques sur le droit des gens ne subi-
rent pas au XVIIIe siècle des modifications bien grandes.
Nous retrouvons toujours les deux doctrines opposées,
que nous avons signalées plus haut. Les uns, s'ap-
puyant sur la philosophie de Leibnitz et de Wolff, veulent façonner le droit des gens pratique à l'image du
droit naturel, et ils nous font connaître leur pensée par
le titre même de leurs ouvrages. Les autres, frappés
du contraste qui existait entre les principes de la raison
et la pratique des États, n'admettent pas l'influence des
idées morales sur la formation du droit international,
nient l'existence de règles obligatoires, et reconnaissent
uniquement le droit du plus fort.

L'ouvrage le plus important des adhérents du droit
naturel, ouvrage dont on se sert encore aujourd'hui,
est celui du Suisse Vattel : « Le droit des gens, ou principes de la loi naturelle, appliqués aux affaires et à la
conduite des nations et des souverains » 1758. Une
nouvelle édition a été publiée à Paris en 1863 par les
soins de Pradier-Fodéré. Quelque temps après la conclusion de la paix d'Utrecht, l'abbé de Saint-Pierre fit
paraître son « Projet de Paix perpétuelle » — dans
lequel il développe la théorie d'une paix universelle,

et indique les moyens pour atteindre à cet idéal. Plus tard Kant reprend la même idée.

L'auteur le plus éminent de l'école positiviste est J. J. Moser. Parmi ses écrits, qui sont nombreux, nous citerons l'Essai sur le droit des gens le plus récent de l'Europe, 1778-1780. C'est aussi pour répondre aux idées de l'école positiviste que l'on a réuni dans des recueils tous les traités conclus par les différentes nations du monde civilisé (1).

Recueils de traités LEIBNITZ : Codex juris gentium diplomaticus, 1693. Le recueil célèbre de DU MONT.: Corps universel et diplomatique du droif des gens (Amsterdam et la Haye, 1793) : F. A. W. WENK : Codex juris gentium recentissimi (Leipzig, 1781-1788). Ce recueil est une continuation de celui de DU MONT, il comprend tous les traités entre 1735-1772. Le recueil le plus important est celui qui a été fondé en 1791 par G. F. VON MARTENS et qui subsiste encore aujourd'hui. Il a été continué par C. VON MARTENS, SAALFELD, MURHARD, PINHAS, HOPF et depuis 1885 par STŒRK. — Ch. de MARTENS et DE CUSSY : Recueil manuel et pratique de traités, conventions et autres actes diplomatiques. Jusqu'en 1856, sept volumes. — TESTOT : Répertoire des traités de paix, de commerce et d'alliance, 1871. ÆGIDI ET KLAUHOLD : Staatsarchiv, fondé en 1861. Cette collection ne comprend que le texte, mais dans la langue originale. — Archives diplomatiques. Les documents sont tous en français. La publication, interrompue en 1876 a été reprise sous la direction de M. LOUIS RENAULT à partir de l'année 1883. — Pour les conflits maritimes de cette époque : SIRTEMA VON GROVESTINS, Histoire des luttes et rivalités politiques entre les puissances maritimes et la France, Paris 1851-1854. — HAUTEFEUILLE, Histoire des origines, des progrès et des variations du droit international, 2e édit. 1869. G. BERGBOHM : Die Neutralitæt, Berlin 1884.

## § 8. — La Révolution française.

Sous la monarchie absolue et la politique d'ambition et d'intérêt qu'elle avait fait prévaloir, les droits des peuples étaient entièrement méconnus. La Révolution française rendit au citoyen et ses droits politiques et sa liberté individuelle. En vain les monarques cherchèrent à étouffer cette renaissance de la vie politique ; la résistance qu'ils opposèrent au mouvement populaire ne fit que hâter leur ruine. L'esprit de liberté qui partait de la France avait envahi l'Europe entière. Les rois sentirent le danger. Si la Révolution triomphait, c'en était fait de leur puissance. Aussi se coalisèrent-ils tous contre l'ennemi commun.

La Révolution avait éclaté en France pour renverser les restes odieux du régime féodal et pour détruire les abus d'un pouvoir arbitraire. C'est là son côté national, purement français. Mais ce qui caractérise surtout la Révolution française, ce qui constitue sa grandeur et sa gloire, c'est le côté cosmopolite, le côté humanitaire que nous rencontrons en elle, surtout à ses débuts. L'idée de justice, l'égalité de tous les hommes devant la loi, la liberté de conscience, l'abolition de l'esclavage, la liberté individuelle du citoyen, en un mot tous les grands principes que la Révolution française a proclamés, et qui sont devenus le patrimoine commun des nations policées, donnent à cette Révolution une im-

portance capitale dans l'histoire du droit des gens. Atta-
quée de toutes parts, la Révolution marche de victoire
en victoire. Mais bientôt, oubliant les idées pour lesquelles elle avait lutté, la France tourne ses armes contre
les peuples voisins et leur ravit leur indépendance.
L'empire vermoulu d'Allemagne est anéanti ; un trait
de plume du conquérant efface des États de la carte de
l'Europe. Le blocus maritime, tel que l'exerçait l'Angleterre et le blocus continental inventé par Napoléon
rendent les relations commerciales impossibles, dépouil-
lent les peuples et les plongent dans la misère. Les droits
des neutres, la notion même de la neutralité semble
perdue au milieu de cette lutte gigantesque. Le sort des
États de l'Europe se règle par les intérêts des deux
grandes puissances qui se sont emparées de la suprématie, l'une sur terre, l'autre sur mer, et qui se font une
guerre sans merci. Enfin la victoire abandonne les armées françaises. Les alliés envahissent la France ; deux
fois ils pénètrent jusque dans Paris.

Après la chute de Napoléon, un remaniement de la
carte de l'Europe devenait nécessaire. Le Congrès de
Vienne, où toutes les puissances chrétiennes s'étaient
fait représenter, entreprit l'œuvre de la reconstruction
et, le 9 juin 1815, il avait terminé sa tâche. La France
rentre dans ses anciennes limites de 1792 ; les anciennes
dynasties sont restaurées, la famille des Bonaparte est
proscrite ; l'Angleterre s'enrichit de la plus grande partie des colonies étrangères. D'ailleurs, l'arbitraire et la
faveur président seuls au partage des territoires. On ne
tient nul compte des droits acquis, des justes aspira-

tions des peuples. C'est encore l'Allemagne et particu-
lièrement la Prusse qui sont le plus mal partagées, qui
ont le plus à souffrir des intrigues de la diplomatie.
Faute de mieux, et pour parer aux besoins du moment,
on crée la confédération germanique, dont la constitution est placée, pour ainsi dire, sous la tutelle des puissances étrangères. — Sur quelques points, rares il est
vrai, l'influence de la Révolution française se fait sentir,
même dans le traité de Vienne. On condamne la traite
des noirs ; la navigation est déclarée libre sur tout le
parcours des fleuves qui traversent plusieurs États ;
enfin la neutralité des États faibles, telles que la ville de
Cracovie et la Suisse, est garantie par les grandes puissances.

KLUIT W. J. Santijn, Geschiedeniss en invloed van the continental stelsel op den staatkundigen en maatschappelijken toes-
tand van Europa, Amsterdam 1863 ; MARC DUFRAISSE, histoire du
droit de guerre et de paix, 1789-1815, Paris 1868 (2e édition) ;
KLUBER, Akten des Wiener Congresses, 1819 ; KOCH, abrégé de
l'histoire des traités de paix entre les puissances de l'Europe depuis la paix de Westphalie. Augmenté et continué jusqu'au Congrès de Vienne et aux traités de Paris, 1817. — KLUBER, Droit des
gens moderne de l'Europe, 1819. La dernière édition a été donnée
en 1874 par OTT. L'édition allemande a été faite en 1851 par
MARSTADT ; G. SCHMALZ, Europæisches Vœlkerrecht, 1817.

## § 9. — Le congrès de Vienne et la politique d'intervention.

Pour assurer l'état de choses créé par le congrès de Vienne, pour tenir surtout en respect la France, les trois grandes puissances continentales formèrent entre elles une alliance, connue sous le nom de Sainte-Alliance, qui pouvait compter, au début du moins, sur le concours bienveillant de la politique anglaise. L'Europe devait être gouvernée, autant que possible, conformément au traité de Vienne. Même la doctrine du droit des gens en éprouve le contre-coup et se tient servilement à la lettre des traités. On paraît croire pendant un moment que des raisonnements juridiques doivent présider à la marche de tous les événements de l'histoire. Rien ne devait se faire qui fût contraire aux clauses des traités. Les cinq grandes puissances jouent le rôle de cour suprême de l'Europe, d'arbitres appelés à veiller sur la paix et l'équilibre européens. Mais ce soin jaloux que les États monarchiques mettaient à étouffer tout mouvement révolutionnaire était une preuve éclatante des progrès qu'avait faits la solidarité qui unit les peuples entre eux. L'influence des questions constitutionnelles, des principes gouvernementaux d'un État, se fait vivement sentir sur la vie politique des autres États. Tous les gouvernements, qu'ils la craignent ou qu'ils la désirent, sont obligés de tenir compte de cette influence.

La politique d'intervention inaugurée par le traité de Vienne devait avoir les mêmes effets que toute politique d'intervention qui veut soumettre les peuples à la haute surveillance des congrès. Elle devait fortifier le sentiment de la nationalité et pousser ainsi la nation entière à vouloir son indépendance complète et la liberté absolue de modifier la forme de son gouvernement et son droit public interne sans crainte d'une immixtion étrangère.

Les quatre puissances qui avaient formé la coalition contre la France s'étaient déjà engagées par le traité de Chaumont à agir de concert pendant une période de vingt ans « pour maintenir l'équilibre européen, pour assurer le repos et l'indépendance des États et pour empêcher les violations arbitraires des droits et des territoires étrangers, violations qui avaient désolé le monde pendant de si longues années ». C'est aussi le même esprit qui dicta le traité d'Aix-la-Chapelle (30 septembre jusqu'au 21 novembre 1818) par lequel la France adopta également la politique d'intervention suivie par les monarchies absolues, et qui posa certaines règles, valables encore aujourd'hui, sur les questions de préséance des ambassadeurs. Les congrès de Troppau (1820) et de Laybach (1821) s'élèvent, malgré l'opposition de l'Angleterre, contre les changements constitutionnels survenus dans le royaume de Naples et en Espagne. Le congrès de Vérone (1822) est aussi une œuvre de la même politique. La France se chargea de le faire exécuter, les armes à la main, en Espagne. Heureusement ce fut là le dernier acte de cette politique d'intervention. Les colonies espagnoles de l'Amérique du Sud acquièrent leur indépendance et adoptent la forme républicaine. La Grèce se sépare de la Turquie ; la Belgique, de la Hollande. La Révolution de juillet, au mépris du principe de la légitimité, principe proclamé infaillible, renverse une dynastie qui avait détenu le pouvoir en France lors de la signature du traité de Vienne. La Pologne est privée d'une constitution qu'on lui avait garantie. La ville de Cracovie est incorporée à l'Autriche. Peu à peu, les articles de l'acte du congrès de Vienne deviennent lettre morte.

La longue période de paix qui suivit la chute de Napoléon, le manque de toute liberté politique, permirent aux peuples de concentrer toute leur énergie sur l'accroissement de leurs ressources économiques. Ils furent puissamment aidés dans cette tâche par le développement inouï des moyens de communications qui créent un lien indissoluble entre les intérêts commerciaux des différentes nations. Les grandes opérations financières et industrielles, que l'on commence à entreprendre à cette époque, viennent encore resserrer ce lien. Tous les marchés financiers de l'Europe concourent à la construction coûteuse de lignes de chemins de fer, à la fondation d'établissements industriels, au paiement des sommes nécessaires pour les emprunts publics, et deviennent ainsi solidaires les uns des autres. — Tous ces faits contribuent au plus haut point à donner plus d'extension, plus de force, à la communauté des intérêts matériels qui existent entre les nations, et à organiser la production de la richesse dans le monde sur le modèle de la production de la richesse dans un État, c'est-à-dire sur la base de la division du travail.

PIERANTONI, Storia degli studj del diritto internazionale in Italia. Modena, 1869. — W. B. LAWRENCE, Commentaire sur les éléments du droit international et sur l'histoire des progrès du droit des gens de *Henry* WHEATON. 4 vol. 1868-1880 ; GEYER, Uber die neueste Gestaltung des Vœlkerrechts, 1866 ; PIERANTONI, Storia del diritto internazionale nel secolo XIX. Naples, 1876.

## § 10. — La guerre d'Orient et le traité de Paris.

Déjà en 1848, lorsque le contre-coup de la Révolution de février se fit sentir dans presque toute l'Europe, on put se convaincre que le système de la Sainte-Alliance était impuissant à diriger la marche des événements politiques. L'Autriche, il est vrai, fut sauvée par la Russie d'une ruine imminente ; la Prusse dut se soumettre à la volonté des gouvernements autrichien et russe et reconnaître de nouveau la confédération germanique ; mais, en même temps, l'avènement de Louis-Napoléon au trône de France portait le coup mortel à la politique inaugurée par le congrès de Vienne. C'est contre la France que les traités de 1815 avaient été conclus, c'est pour forcer ce pays à respecter les clauses de ces traités que les puissances s'étaient alliées, et cependant c'est un membre de la famille proscrite des Bonaparte qui, renversant la République, devient empereur des Français. D'ailleurs Napoléon, en restaurant le pouvoir papal à Rome (1849) et en écrasant la révolution dans son pays, avait acquis les sympathies des familles qui régnaient en vertu du principe de la légitimité. Le premier soin de Napoléon, aussitôt qu'il eût acquis le pouvoir, fut de briser l'alliance des trois puissances de l'Est, en s'unissant à l'Angleterre. La guerre d'Orient (1854-1856) lui offrit l'occasion favorable. La France et l'Angleterre, plus tard aussi la Sardaigne, attaquent la Russie comme alliés de la Sublime-Porte et l'obligent à renoncer à ses prétentions.

A la fin de cette guerre, la France avait repris, une seconde fois, la place prépondérante dans le concert européen et elle la conserva pendant dix années entières. La Russie avait été vaincue dans la guerre de Crimée, l'Autriche, dans la campagne d'Italie ; le royaume d'I-talie, nouvellement fondé, était sous la dépendance de Napoléon. La France devenait l'arbitre de l'Europe. Le traité de Paris, conclu en 1855, fut signé par les cinq grandes puissances et, en outre, par la Turquie et l'Ita-lie. La Prusse et l'Autriche n'avaient pas joué de rôle actif dans la guerre de Crimée et, cependant, elles furent invitées à prendre part aux délibérations et à appo-ser leur signature à ce traité qui contient plusieurs dispo-sitions étrangères aux questions soulevées par la guerre d'Orient, mais du plus haut intérêt pour le développe-ment du Droit des gens. Nous les indiquerons sommai-rement : la Turquie qui, comme État musulman, avait été tenue, depuis le moyen âge, en dehors de la com-munion du droit public de l'Europe, est reçue dans le concert européen. Les obstacles de tout genre qui ren-daient la navigation du Danube impossible ou difficile sont écartés. On ouvre ainsi une nouvelle voie de communication avec l'Europe orientale et on place ce fleuve sous la protection commune des puissances. L'Angleterre renonce aux prétentions arbitraires que sa suprématie sur les mers lui avait fait élever et maintenir jusqu'alors. Les puissances continentales obtiennent enfin les droits pour lesquels elles avaient lutté, en vain, pendant des siècles. La Grande-Bretagne reconnaît que le droit de *blocus* est limité, que les intérêts des belligérants ne doivent pas porter atteinte au commerce des neutres, que la course doit être abolie. Les articles de la paix de Paris qui règlent ces différentes questions trouvent l'assentiment de presque tous les États policés du monde ; mais les États-Unis de l'Amérique refusent encore leur adhésion en alléguant que la réforme n'a pas été suffisamment radicale et qu'il y aurait encore plusieurs améliorations à faire. Enfin le traité de Paris a indiqué une mesure destinée à prévenir la guerre. — Cette mesure est formulée ainsi qu'il suit : « Les gouvernements expriment le vœu que les États, entre lesquels s'élèverait un dissentiment sérieux, aient recours, en tant que les circonstances l'admettraient, aux bons offices d'une puissance amie, avant d'en appeler aux armes. »

§ 11. — Fondation récente de l'empire d'Allemagne
et du royaume d'Italie.

Jusqu'en 1856 la Russie occupait le premier rang
parmi les puissances du continent. Après la guerre d'O-
rient, elle dut céder le pas à la France. Depuis le commencement du seizième siècle, la monarchie autrichienne
des Habsbourg, la France et la Russie, avaient eu tour à
tour l'hégémonie sur les autres nations. La suprématie
passait d'une puissance située à l'Ouest à une puissance
située à l'Est, et réciproquement, sans jamais s'arrêter
à un État du centre de l'Europe. Le morcellement de
l'Allemagne et de l'Italie en une infinité de petits États
rendait toute naturelle cette situation inconciliable avec
le maintien durable de la paix. Mais cet état de choses
prit fin aussitôt qu'un empire unifié et puissant fut fondé
en Allemagne.

L'antagonisme, qui existait déjà à l'état latent en 1815
entre la Prusse et l'Autriche, se manifeste plus fortement en 1864 après la guerre contre le Danemark et
éclate en 1866. La Prusse sort victorieuse de la lutte ;
l'Autriche vaincue ne fait plus partie de la confédération germanique qui, d'ailleurs, est dissoute ; l'Allemagne acquiert sa frontière maritime dans le nord ; la
confédération de l'Allemagne du Nord est formée sur
des bases solides. La tension que les succès de la Prusse
amènent dans les relations de cet État avec la France

provoque la neutralisation du grand-duché de Luxembourg (1867) et conduit à la guerre de 1870. Le résultat de cette lutte fut la fondation d'un puissant empire allemand, dont le roi de Prusse est l'empereur et le chef. Les Italiens profitent des victoires allemandes pour mener à bonne fin l'œuvre de l'unification de l'Italie. Agrandi par la France en 1859, le royaume de Sardaigne s'était étendu petit à petit, et par ses propres efforts, sur la plus grande partie de la péninsule italienne. Il ne lui restait plus à conquérir que les possessions autrichiennes et le domaine temporel du pape. Après la défaite que les armées allemandes infligèrent à la France et à l'Autriche, le royaume d'Italie put encore s'emparer de Venise et de Rome.

L'importance internationale de la fondation de l'Allemagne et du royaume d'Italie a été considérable, car elle fit disparaître une cause permanente de guerre. Les grands États de l'Est et de l'Ouest durent, en effet, mettre un frein à leur ambition, aussitôt qu'ils eurent devant eux, non plus une infinité de petits États, mais deux puissances capables de leur tenir tête. La dernière guerre qui menaça de troubler la paix générale fut celle de 1877 et 1878 entre la Russie et la Turquie, qui se termina par le traité de Berlin. C'est à la suite de cette guerre que l'indépendance de la Roumanie, de la Serbie et du Monténégro fut reconnue, que la Russie et la Grèce obtinrent des agrandissements territoriaux et que la Turquie renouvela sa promesse de respecter les droits des sujets chrétiens de l'empire Ottoman.

On pourrait croire, tout d'abord, que les grandes

guerres, qui ensanglantèrent l'Europe depuis le traité de
Paris jusqu'à celui de Berlin, prouvent un affaiblissement
des principes du droit des gens. Ce serait une erreur. Il
fallait remanier la situation politique du continent pour
permettre aux intérêts pacifiques de l'humanité de se
développer librement, et ce remaniement ne pouvait
s'effectuer que d'une manière violente. Ces guerres
étaient donc nécessaires, quoiqu'elles n'aient pas abouti
à la solution de la question d'Orient.

### § 12. — Résultats obtenus depuis 1856.

L'histoire de l'époque qui suivit la conclusion du
traité de Paris est, à coup sûr, une des plus riches en
grands événements. Dans l'espace de 41 ans, depuis la
paix de Vienne jusqu'en 1856, deux petits États seulement furent fondés en Europe : la Belgique et la Grèce.
Cette dernière obtint, depuis, quelques agrandissements
de territoire, par suite de la cession volontaire des îles
Ioniennes par l'Angleterre en 1863, et de la cession de
la Thessalie et d'une partie de l'Epire, que la Turquie fut
obligée de lui faire en 1881. Depuis le congrès de Paris
au contraire, nous voyons se consolider trois grandes
puissances en Allemagne, en Italie et dans l'Amérique du Nord. La force, l'importance des États-Unis ne
datent, en effet, que du moment où prit fin la guerre de
sécession. — Durant cette période les progrès accom-
plis dans le domaine du droit international sont consi-

dérables. — Par la convention de Genève du 12 avril 1864, on améliore le sort des militaires blessés sur les champs de bataille. En 1868 on s'efforce d'appliquer les mêmes règles à la guerre maritime. Une agitation se forme, surtout en Amérique et dans les villes hanséatiques de l'Allemagne, en faveur de l'inviolabilité de la propriété privée sur mer. La Prusse, l'Autriche et l'Italie reconnurent ce principe dans la guerre de 1866, mais la France le rejeta en 1870 et en rendit ainsi l'adoption impossible. Au nom des lois de l'humanité, la convention de Saint-Pétersbourg du 11 décembre 1868 condamne l'emploi de projectiles explosibles ou incendiaires ; mais cette défense ne s'applique qu'aux balles des fusils, non aux armes de gros calibre. Grâce aux traités consulaires, aux traités de commerce et de navigation, grâce aux conventions postales et télégraphiques internationales, grâce surtout à l'union postale fondée en 1874, les communications entre les différents peuples ont pu prendre un essor immense. Les relations commerciales avec les ports de l'Extrême-Orient, la Chine et le Japon, prennent une extension très grande. Non seulement les États, mais des continents même sont reliés par des câbles télégraphiques. Des découvertes scientifiques admirables pourvoient largement aux besoins les plus pressants du commerce international, et tout fait espérer des progrès nouveaux qui répondront à toutes les exigences du commerce. Jamais aussi, la solidarité qui unit tous les hommes n'a été mieux saisie que de nos jours ; jamais on n'a donné plus ample satisfaction aux justes aspirations des nations dignes d'avoir

une existence indépendante, et capables de former un
État qui puisse exister et progresser au milieu des autres
États civilisés du monde. L'étude scientifique du droit
des gens a été dominée, il n'y a pas longtemps encore,
par les idées de l'école positiviste qui s'en tient servilement au droit conventionnel, sans vouloir rechercher
les conditions qui doivent assurer aux traités une existence durable. Mais maintenant que les traités de Vienne
ont cessé d'être en vigueur, on ne considère plus le
droit conventionnel comme la séule base scientifique
du droit des gens. En général cependant les auteurs
étudient et tranchent les questions controversées conformément aux intérêts de leur propre pays. C'est
chez les auteurs Anglais et Italiens que cette tendance
est le plus marquée. Les Allemands et les Américains se
distinguent au contraire par leur esprit plutôt impartial.

Les grandes convulsions qui agitèrent l'Europe depuis
1830 ont empêché la formation d'un système purement
objectif du droit des gens. Elles ne firent que corrobo-
rer l'argumentation de ceux qui avaient prédit avec certitude l'impossibilité de maintenir l'état de choses créé
par le congrès de Vienne. La fondation de l'Institut de
droit international en 1873 a aussi une grande importance pour le développement scientifique du droit des
gens, car il réunit les jurisconsultes des divers pays
dans un travail commun, et leur permet d'échanger
leurs vues plus facilement.

Bibliographie. — Auteurs modernes : *Allemands :* 1° v. Holtzendorff, Handbuch des Vœlkerrechts, 4 vol. 1885-1889; Heffter,

Das europæische Vœlkerrecht der Gegenwart auf den bisherigen
Grundlagen, 8ᵉ éd., 1888. Cet ouvrage est annoté par Geffcken.
(Traduction française de Bergson) ; Oppenheim, System des Vœlkerrechts, 2ᵉ éd., 1886 ; de Martens, Précis du Droit des gens
moderne de l'Europe, augmenté des notes de Pinheiro-Ferreira,
par Ch. Vergé. Paris, 1864 ; Huhn, Vœlkerrecht, volkstümliche
Darstellung, 1864 ; Bulmerincq, Die systematik des Vœlkerrechts,
1ʳᵉ partie : Kritik der Ausführungen und Forschungen zu Guns-
ten der Systematisierung des positiven Vœlkerrechts. Dorpat,
1848 ; Le même, De natura principiorum juris inter gentes positivi
1856 ; Le même, Vœlkerrecht (dans le Handbuch des œffentlichen
Rechts de Marquardsen) ; Gareis, Institutionen des Vœlkerrechts,
1888 ; Hartmann, Institutionen des Volkerrechts in Friedenszeiten, 2ᵉ éd., 1878 ; Pœzl, Grundriss zu Vorlesungen über europæisches Vœlkerrecht, 1852 ; Mohl, Encyklopædie der Staatswissenschaften, 2ᵉ éd., 1872, p. 402 et s. ; Bluntschli, Das moderne
Vœlkerrecht der civilisierten Staaten als Rechtsbuch dargestellt,
3ᵉ éd., 1878 (Traduction française de Lardy, 4ᵉ éd. française,
1886) ; Neumann, Grundriss des heutigen europæischen Vœlkerrechts, 2ᵉ éd., 1877 (traduction française de Riedmatten. Paris,
1886); H. Schulze, Grundriss zu Vorlesungen über Vœlkerrecht,
1880.

2o *Anglais :* Oke Manning, Commentaries on the Law of nations,
1839 ; nouvelle édition de Sheldon Amos, 1875 ; Wildhman, Institutes of international Law, 1849 ; Polson, Principles of the Law of
nations, 1854 ; Travers Twiss, The Law of nations, considered as
independent political communities, 2ᵉ éd., 1875 ; Sir Edward
Creasy, First platform of International Law, 1876 ; N. E. Hall,
International Law, 1880 ; Lorimer, Institutes of the Law of nations, 1882. — L'œuvre la plus importante est celle de Sir Robert
Phillimore, Commentaries on International Law, 3 vol. Le quatrième volume contient le droit international privé, 2ᵉ éd.,
1871.

3o *Américains :* Henry Wheaton, Elements of International Law,
2 vol. 1836, 2 annotated ed. by W. B. Lawrence, 1853 ; 8ᵉ éd. by
Dana, Boston, 1866. Édition anglaise par Boyd, 1878 ; H. W. Halleck, International Law, or rules regulating the intercourse of
states in peace or war, 2ᵉ éd. de Sir Sherston Baker, 1877 ;
Th. Woolsey, Introduction to the Study of International Law, 4ᵉ
éd. New-York, 1875 ; Kent's Commentaries on International Law,
revised, with notes and cases brought down to the present time

by ABDY. Cambridge, 1866 ; D. DUDLEY-FIELD, Projet d'un Code international, trad. par Alb. ROLIN, 1881.

4º *Danois :* BORNEMANN, Forelæsingar over den positiven Volkeret (publié par Goos et KRUEGER), 1866.

5º *Italiens :* ROMAGNOSI, Introduzione allo studio e diritto pubblico universale, 1838 ; L. CASANOVA, Lezioni di diritto pubblico internazionale, 3ᵉ éd. de BRUSA, 1875 ; A. DEL BON, Instituzioni di diritto pubblico internazionale. Padoue, 1868 ; FERRERO GOLA, Corso di diritto internazionale pubblico, privato e marittimo. Parme, 1866 ; CARNAZZA AMARI, Elementi di diritto internazionale ; AVIO, Saggio di una teorica giuridica dei rapporti internazionali ; FIORE, Nouveau droit international public, 1869 (Trad. de PRADIER-FODÉRÉ). SANDONA, Trattato di diritto internazionale moderno, 1876 ; MANCINI, Diritto internazionale, 1873.

6º *Français et Suisses :* PRADIER-FODÉRÉ, Traité de Droit international public européen et américain, etc. : IV volumes. Il y en aura un cinquième ; de RAYNEVAL, Institutions du Droit de la nature et des gens, 2ᵉ éd., 1832 ; L. RENAULT, Introduction à l'étude du Droit international, 1879 ; FUNCK-BRENTANO et A. SOREL, Précis du Droit des gens, 1877 ; RIVIER, Lehrbuch des Vœlkerrechts 1889.

7º *Espagnols et Hispano-américains :* PANDO, Elementos de derecho internacional, 2ᵉ éd.; 1852 ; RIQUELME, Elementos de derecho internacional espanol, 1849 ; BELLO, Principios de derecho internacional, 2ᵉ éd., 1864 (Paris) ; C. CALVO, Le Droit international théorique et pratique, 4ᵉ éd., 1887-1888, 5 vol. ALCORTA, Tratado de derecho internacional. Buenos-Ayres, 1878 ; PIEDRO LOPEZ SANCHEZ, Elementos do derecho internacional publico. Madrid, 1868.

8º *Portugais :* PAIVA, Elementos do doreito das gentes, 4ᵉ éd., 1857 ; PINHEIRO-FERREIRA, Cours de Droit public interne et externe. Paris, 1830.

9º *Russes :* Comte KAMAROWSKI dans la Revue de Droit international, 1876 et dans l'Annuaire de l'Institut de Droit international ; F. v. MARTENS, trad. française de Alfred LEO : Traité de Droit international 1883-1887.

10º *Grecs :* SARIPOULOS, Τα τῶν ἐθνῶν ἐν εἰρήνη ηαὶ ἐν πολέμω νόμιμα, 2 vol. Athènes, 1860.

*Ouvrages bibliographiques :* v. OMPTEDA, Litteratur des gesammten, sowohl natürlichen als positiven Vœlkerrechts, 2 parties, 1785, complété et continué par C. A. de KAMPTZ, 1817 ; R. v. MOHL, Geschichte und Litteratur der Staatswissenschaften, p. 337 ; RI-

VIER, dans l'introduction au Droit des gens de HOLTZENDORFF, 1889.

*Revues :* Revue de Droit international et de législation comparée (publiée par ROLIN-JACQUEMYNS, RIVIER, ASSER et WESTLAKE). Annuaire de l'Institut du Droit international paraissant depuis 1877.


## § 13. — Les lois du développement historique du Droit international constituent le fondement du Droit des gens.


Nous avons tracé cette esquisse de l'histoire du Droit des gens afin de prouver que, pour traiter juridiquement cette matière, il ne fallait pas prendre pour point de départ les clauses des traités. Ce serait la plus grande erreur de croire que les traités de paix et les actes des congrès forment des codes immuables. Les puissances ont toujours eu le tort de vouloir régler par des traités, que la volonté commune de toutes les parties contractantes devrait seule pouvoir modifier, des questions et des intérêts qui doivent nécessairement subir l'influence des événements historiques. Il s'ensuit que les grands traités collectifs se trouvent bientôt en contradiction complète avec la réalité des faits et deviennent lettre morte, ce qui cause l'incertitude et l'instabilité qui régnent dans le Droit des gens. On ne peut établir une base scientifique du Droit des gens, ni se rendre bien compte des faits qui lui servent de fondement, qu'en étudiant historiquement les lois du développement des peuples pour tâcher de les formuler d'une manière juridique.

Il faut donc renoncer à l'idée que la jurisprudence ou la diplomatie pourraient régler d'une manière définitive, au moyen de lois abstraites, les destinées des nations. Seuls les principes acquis par la civilisation ancienne ou moderne, que tous les États policés ont déjà admis ou ne tarderont pas à admettre, malgré toutes les distinctions nationales, dès que l'humanité aura atteint un degré de perfection supérieure, forment des fondements impérissables et éternels du Droit des gens. Par bonheur ces grandes vérités, qui constituent le patrimoine commun de toutes les nations, sont nombreuses et importantes. La philosophie grecque et les religions monothéistes proclament les principes de la morale ; on accorde à tout homme la capacité juridique en droit privé, sans distinction de domicile où de nationalité ; la liberté de conscience est respectée ; la navigation sur mer est devenue libre ; les rapports économiques entre les nations ont pris une extension considérable et peuvent se développer en paix ; les peuples sentent le besoin de faciliter entre eux l'échange des idées, et ils protègent en vue de ce but les droits des auteurs. Cette énumération est loin d'être complète. Il serait même impossible de citer toutes les raisons qui ont créé dans une grande partie du monde une civilisation commune, dont l'influence a fait naître chez toutes les nations la conviction qu'il existe entre elles, et qu'il existe forcément, par la nature même des choses, une communauté de vie matérielle et intellectuelle, réglée par un droit commun, qu'aucun Etat ne saurait et ne devrait violer. Ainsi la première idée fondamentale du Droit

des gens que cette étude historique nous fait connaître,
idée qui détermine la marche de l'histoire, c'est l'union
étroite qui relie l'humanité tout entière. La conséquence
directe de cette idée est le principe cosmopolite de la
communauté des peuples.

- Un second principe, lié d'une manière nécessaire et
indissoluble avec celui que nous venons d'énoncer, est
le principe suivant : tous les États doivent former une
grande association, dont les différents membres joui-
ront de droits égaux. — Tous les États veulent être
égaux, ils ne reconnaissent pas de maître. Le maître
ici, c'est celui qui aspire à la monarchie universelle,
celui qui veut détruire l'existence nationale des autres
peuples, celui qui cherche à dominer sur les mers. De
là cette haine de la suprématie, sous quelque forme
qu'elle se présente, qu'elle soit spirituelle ou tempo-
relle, qu'elle soit revendiquée par un monarque ou par
un pape.

Chaque nation constituée en État a la mission de travailler de son côté, avec son génie propre, à l'œuvre de
la civilisation, et elle a le droit de régler son organisation intérieure d'après ses aptitudes et ses besoins naturels. Quant à l'inégalité que la puissance peut établir
entre les États, quelque importance qu'elle puisse présenter au point de vue politique, juridiquement, elle ne
doit pas exister. De même que les différences d'âge, la
force corporelle et le rang social ne comptent plus pour
rien dans le droit privé, de même que tous les hommes
sont devenus égaux devant la loi, de même aussi tous
les États doivent être égaux devant le droit qui les régit.

Tel est le principe ; les faits malheureusement viennent trop souvent le démentir, et c'est la cause pour laquelle le droit des gens est encore si imparfait. Ce qui est certain, ce que l'histoire de la formation territoriale de l'Europe nous montre clairement, c'est que, depuis des siècles, et malgré tous les traités, les petits États tendent à disparaître, à être absorbés par les grands États. Mais dans ce fait, il n'y a rien d'alarmant pour le droit des gens, tout au contraire, il donne plus de force aux conditions desquelles dépend la bonne application des règles du droit international. L'obstination que les petits États mettaient à s'isoler, les obstacles de toute sorte qu'ils élevaient pour rendre les communications avec les autres peuples impossibles, étaient nécessairement nuisibles à leur développement intellectuel et matériel et portaient préjudice aux relations d'amitié qu'ils devaient entretenir avec les pays voisins. Mais les entraves disparurent, l'entêtement fut vaincu, dès que les petits États eurent formé un grand État, possédant un vaste territoire et réunissant des peuples autrefois hostiles, par les liens d'une langue commune et d'intérêts communs. Même au point de vue général, au point de vue des relations extérieures, cette formation de grands États a été un bien. Mis à même, grâce à l'étendue de leur territoire, grâce à leurs forces militaires, grâce aux ressources qu'un grand pays a toujours à sa disposition, de se suffire de plus en plus à eux-mêmes, ces États n'eurent plus les mêmes raisons d'envier leurs voisins, de les craindre ou de convoiter leurs richesses. Des rapports plus amicaux purent s'établir entre les différentes

nations, l'inimitié qu'elles avaient les unes contre les
autres put enfin perdre son caractère de violence extrême.


## § 14. — Sources du droit des gens positif
## de l'Europe.


Il est vrai que des empêchements nombreux ont trop
souvent entravé l'application des règles du droit international, au point même qu'ils ont déterminé certains
auteurs à nier jusqu'à l'existence d'un droit des gens
positif. Cependant il est juste de ne pas trop s'exagérer
leur importance. Pour que le droit des gens puisse se
former et se développer, pour qu'il soit reconnu et res-
pecté dans le monde entier, il faut qu'il s'appuie sur les
deux idées fondamentales que nous avons exposées plus
haut. Il faut, en d'autres termes, que les idées cosmopolites, qui sont indispensables pour satisfaire le besoin
dans lequel se trouvent les nations d'entretenir des relations entre elles, aient fait quelques progrès dans l'esprit des peuples, et il faut, en outre, que les différents
États se reconnaissent mutuellement des droits égaux.
Or, ce n'est qu'à partir de la Réforme et de la paix de
Westphalie que l'on a enfin compris l'union étroite qui
existe entre ces deux principes. Au début, même le droit
privé et le droit pénal manquaient de sanction publique.
Chacun devait défendre son droit, seul ou avec l'aide de
ses parents et de ses amis. Quant à l'État, il avait sur=

tout à veiller à la défense du pays contre les attaques de l'ennemi. Aussitôt que l'État se chargea de fonctions permanentes, aussitôt qu'il se fortifia à l'intérieur, le droit perdit son ancien formalisme, mais il gagna en valeur pratique, car son application devint possible et efficace. Il en a été de même pour le droit des gens. La nature de ce droit exige que chaque État se défende lui-même ou que les États intéressés dans un cas particulier s'associent pour empêcher la violation de leurs droits et pour la punir s'il n'est plus temps de prévenir le mal. Toute autre sanction est impossible. Il faut donc, qu'en l'absence d'un pouvoir universel et suprême qui, d'ailleurs, ne doit et ne peut s'établir, toutes les nations civilisées assurent l'exécution des règles du droit des gens, soit au moyen d'un tribunal arbitral impartial, soit au moyen d'une action commune. Cette observation nous conduit à nous demander quelles sont les sources du droit des gens positif. Il va sans dire qu'il ne peut être question ici de forme législative. Aussi, l'origine des règles qui régissent le droit international ne peut-elle être cherchée que dans la limitation réciproque et commune que les États unis par les liens de la civilisation imposent volontairement à leur toute-puissance. Les sources de ce droit sont :

1) *La coutume.* Dans le droit privé et dans le droit pénal, la coutume juridique résulte d'actes faits et répétés d'une manière instinctive. Tel n'est pas, tel ne peut être le point de départ de la formation de la coutume dans le droit des gens. La conviction que les rapports entre les États doivent être conformes aux principes du

droit a seule donné naissance aux usages internationaux qui contiennent, en conséquence, les règles issues de l'idée de la réciprocité et de l'idée de l'égalité entre les différents peuples. Eu égard à son origine, la coutume juridique du droit des gens possède donc un caractère de perfection qui fait défaut à la coutume juridique des autres branches du droit. La coutume internationale a un effet ou bien négatif, lorsqu'elle prescrit d'éviter certains actes universellement condamnés, ou bien positif, lorsqu'un État, pour se conformer à cette coutume, doit agir envers un autre État d'une manière qui est reconnue comme permise ou même nécessaire. Nous pouvons citer comme exemples de cette expression de la volonté des peuples, les usages de la guerre et les usages maritimes, car ces usages ne doivent pas leur existence au hasard, mais à la conscience que les nations ont eue de leurs véritables intérêts. En effet, dans le droit des gens, la coutume et la pratique ne sont, pour la plupart du temps, que ce que les hommes les plus sages et les plus clairvoyants avaient enseigné et recommandé depuis des siècles et ce que les États ont fini par reconnaître comme étant conforme à la vérité et à la justice. Ce fait nous prouve l'importance des systèmes élevés sur des bases historiques et philosophiques.

2) *Le droit conventionnel.* A l'origine, les traités ne servaient qu'à stipuler des engagements entre deux nations. Petit à petit leur cercle d'action est devenu plus vaste ; ils règlent à présent les affaires communes à plusieurs pays. Les premiers traités collectifs ont été conclus en vue de créer des confédérations ou toute autre

forme d'association entre un certain nombre d'États. Mais, depuis qu'il existe des questions qui intéressent l'Europe tout entière et qui exigent pour cette raison même un arrangement en commun, les traités collectifs ont pris une importance considérable. Considérés au point de vue juridique, les traités de cet ordre supérieur sont, pour la plupart, des décisons dans les grandes querelles sur la possession et dans les controverses qui surgissent au cours des relations internationales.

Le droit conventionnel peut enfin se combiner avec la coutume de façon à créer de nouvelles règles générales du droit des gens. Ainsi le droit conventionnel qui s'établit entre quelques États, surtout entre les grandes puissances, est souvent reconnu et approuvé par les États moins importants et acquiert de la sorte le caractère de droit coutumier.

Il n'existe ni des traités signés par tous les États sans exception, ni des coutumes universellement observées. Aussi ne saurait-on parler d'un droit des gens positif, commun à tous les États du monde. Seules les nations entre lesquelles la civilisation a créé un lien d'une nature idéale peuvent entretenir des rapports constants et pacifiques, et reconnaître l'existence d'un droit international. C'est précisément pour rendre cette idée que l'on emploie l'expression de droit des gens européen. Ce droit contient les règles auxquelles sont soumis les États du continent européen, les pays qui ont formé autrefois des colonies européennes ou qui reconnaissent encore l'autorité d'une puissance du vieux continent et, de nos jours, même les possessions africaines et asiatiques de la Sublime-Porte. Cependant, les principes du droit des gens n'ont pas pénétré d'une manière égale dans tous ces pays. L'histoire de la civilisation a donné naissance à des distinctions considérables dans le groupement des États au point de vue international. Ainsi l'union que des rapports séculaires ont cimentée entre la Hollande, la Belgique, l'Allemagne, la France, l'Angleterre, la Suisse et l'Italie est beaucoup plus étroite que celle qui existe entre ces peuples d'un côté et la Turquie ou la Russie de l'autre côté. Enfin l'Amérique occupe une situation tout à fait à part. Dans toutes les grandes questions territoriales qui divisent l'Europe, elle observe une attitude des plus réservées. Mais le perfectionnement et l'extension des voies de communication marquent partout les progrès du droit des gens, grâce auxquels toutes ces distinctions tendent de plus en plus à s'effacer et à disparaître.

Les relations que les États européens entretiennent avec les États de l'Extrême-Orient, tels que le royaume de Siam, la Chine, le Japon et autres ne sont pas, à coup sûr, purement accidentelles ou arbitraires , mais elles n'ont pas ce caractère d'universalité qui caractérise les véritables relations internationales. Si ces pays, obéissant à la force des armes ou à quelque intérêt économique, s'engagent à faire certains actes ou à tolérer certains autres, ce n'est qu'à l'égard des puissances avec lesquelles elles ont conclu des traités. Pour toutes les autres, leurs frontières continuent à rester fermées. Les rapports constants et pacifiques entre les nations sont inconnus à ces peuples. Leur civilisation est encore en guerre avec la nôtre. Cependant, l'observateur perspicace des événements qui se sont écoulés depuis une cinquantaine d'années ne pourra douter un seul instant, que la planche étroite et vacillante, sur laquelle on doit traverser l'abîme, ne doive être remplacée par un pont large et solide pouvant satisfaire à tous les besoins créés par l'essor considérable qu'ont pris les communications de toute sorte. L'impulsion, d'ailleurs, est déjà donnée. Depuis 1868 la Chine a établi des ambassades en Amérique et en Europe. Le Japon est aussi représenté auprès des gouvernements étrangers par des ambassades permanentes. Les Éléments de droit international de Wheaton ont été traduits en chinois et les autorités du Céleste empire considèrent cet ouvrage comme faisant autorité. Ce sont là des faits significatifs et pleins de promesses pour l'avenir.

S. — De Senkenberg, De jure observantiæ ac consuetudine in causis publicis privatisve, 1743 ; Puchta, Das Gewohnheitsrecht, Erlangen, 1828, II, 125-131, I, 227 ; Savigny, System des heutigen rœmischen Rechts, I, 34, 76 et s., 413 et s. ; Bierling, Zur Kritik der juristischen Grundbegriffe, I, 17 et s., 139 et s. ; R. v. Ihering, Der Zweck im Rechte, 1883, II, 57 et s., 239 ; Adickes, Zur Lehre von den Rechtsquellen, 1872 ; v. Holtzendorff, Handbuch des Vœlkerrechts, I ; C. Bergbohm, Staatsvertræge und Gesetze als Quellen des Vœlkerrechts, Dorpat, 1877 ; Bulmerincq, Vœlkerrecht, 187 et s. ; F. v. Martens-Bergbohm, Vœlkerrecht, I, § 43 et s.; Rivier, Lehrbuch des Vœlkerrechts, § 2 et s. ; Fiore, Trattato di diritto internazionale, Turin, 1879, I, § 216-231 ; Sandona, Trattato di diritto internazionale moderno, Florence, 1870, p. 10 ; Phillimore, Commentaries, I, § 17-33 ; F. E. Holland, Elements of jurisprudence. 2e éd. 1882, p. 46 et s. ; Calvo, Droit international (4e éd., t. I, § 27 et s., p. 158 et s.) ; Ch. Brocher, Les révolutions du droit (Genève, 1882), I, 217 et s. ; Vanni, Della consuetudine nei suoi rapporti col diritto e colla legislazione, Pérouse, 1877 ; M. Mountagne-Bernard, The growth of laws and usages of war, Londres, 1856 ; E. Creasy,

First Plattform of international Law, Londres 1876, p. 77 et s. ;
J. D. Lawson, The Law of usages and Customs with illustrative
cases, Saint-Louis, 1881 ; F. Pollock, Essays, Londres, 1882, p. 54 ;
Sir Henry Maine, Early Law and Custom, Londres, 1883 ; Francis-
Wharton, Commentaries on Law, Philadelphie, 1885.

## § 15. — Codification des sources du droit des gens.

Quand on considère la forme particulière que revê-
tent encore les sources du droit des gens, on est porté
à se demander si les États civilisés ne devraient pas
entreprendre une codification de ce droit. Des hommes
d'État, des savants distingués ont souvent élevé la voix
en faveur de ce projet. D'ailleurs, les travaux préparatoires ne font pas défaut. Déjà Bentham avait émis l'i-
dée d'une codification des sources du droit des gens
(vol. VIII de ses œuvres publiées en 1839 par Bowring).
Katchenowsky, professeur de droit international à Char-
kow, proposa à l'association anglaise pour l'avancement
des sciences sociales de travailler à la préparation de
cette grande entreprise. Sur les nouvelles instances que
Dudley Field, ce savant qui s'est illustré par sa partici-
pation aux travaux législatifs à New-York, fit auprès
de cette société, on institua enfin une commission char-
gée de ces travaux. En Allemagne, c'est Bluntschli qui
apporta le concours le plus efficace à l'œuvre de la codification, en publiant un livre intitulé : « Le droit des
gens moderne des États civilisés, présenté sous forme
de Code. » (Nœrdlingen, 3e édition, 1878. Une traduc-

tion française a été donnée par M. Lardy 1881 chez Guillaumin.) — Il avait fait paraître cet ouvrage pour répondre aux vœux exprimés et à l'impulsion donnée par le D$^r$ F. Lieber, de New-York.

Il est évident qu'il serait à souhaiter que tous les jurisconsultes des pays principalement intéressés, et surtout les jurisconsultes les plus versés dans la connaissance du droit des gens s'entendissent pour travailler en commun, afin que l'on arrivât à s'accorder sur les grandes questions controversées du droit international. — Mais il ne faut pas, non plus, se méprendre sur les difficultés que présente l'œuvre de la codification. La codification des œuvres du droit des gens, c'est l'entente établie par voie conventionnelle entre les États civilisés sur les règles qui doivent présider aux relations internationales. Or, une œuvre d'une portée si considérable est actuellement impossible à réaliser. Bien plus, dans le cas même où, contrairement à toute vraisemblance, on arriverait à atteindre au but désiré, les conséquences en seraient préjudiciables. Pour codifier le droit international, il faut, de toute nécessité, avoir recours à la forme contractuelle. Mais on s'exagère, en général, la valeur de cette forme. Les traités n'occupent qu'une place secondaire parmi les sources du droit des gens ; il sont surtout propres à régler des intérêts passagers. C'est la coutume qui est la source la plus importante du droit des gens ; c'est elle qui règle les grandes questions internationales, les questions d'un intérêt général et constant. Le traité prépare la voie à la coutume ; il pose les principes qui, peu à peu, prennent le caractère de droit coutumier. La violation d'un traité ne provoque pas une désapprobation aussi grande que la violation d'une coutume profondément enracinée dans l'esprit des peuples. Le projet de codifier le droit des gens dans son ensemble a encore un autre tort : il veut donner à des principes en voie de formation une forme qui exigerait, pour la modification postérieure de ces principes, l'entente unanime entre tous les États contractants et rendrait tout changement impossible par suite de l'opposition d'un seul. Les efforts de ceux qui veulent la codification du droit des gens doivent donc tendre avant tout à restreindre l'application du droit conventionnel aux matières qui peuvent être réglées d'une manière définitive. Quant aux intérêts que leur nature même rend changeants, il faut qu'ils fassent l'objet de conventions conclues uniquement pour une époque fixée d'avance. Pour que la codification ait une importance pratique et produise des fruits, il faut qu'elle soit limitée à des questions sur lesquelles tous les États ont des intérêts communs. On pourrait ainsi codifier le droit international privé et tout ce qui a rapport à la police internationale maritime. On pourrait par exemple faire des règlements sur la pêche en pleine mer ; on pourrait prendre en commun les mesures nécessaires pour prévenir les abordages en mer, pour éviter que les bateaux n'échouent sur les côtes, pour empêcher les opérations frauduleuses des sociétés d'assurance, le commerce des esclaves, la piraterie. Bref, il est possible, désirable même de rédiger un code sur toutes les matières concernant la navigation et le cérémonial ma-

ritime. La codification peut s'étendre encore sur tout
ce qui concerne la représentation des États, les consulats,
la propriété privée dans la guerre maritime, enfin la
conduite à suivre en cas de guerre, du moins au point
de vue négatif, c'est-à-dire au point de vue des actes
qu'il faut éviter de toute façon. Mais, dans les circonstances actuelles, ce serait une utopie de vouloir établir
des règles immuables et générales sur la manière dont
doivent se former les États, sur la valeur du principe
de la nationalité, sur la reconnaissance des États nouvellement fondés et enfin sur le droit d'intervention.

ALPHONSE DE DOMIN-PÉTRUSCHEVECZ, Précis d'un Code du droit international, Leipzig, 1861. — On a project for an international Code
by DAVID DUDLEY FIELD, New-York, Law Magazine, p. 138, 1866 ;
D. FIELD, Outlines of an international Code, 1872 (traduit en
français par A. ROLIN, 1881 ; en italien par PIERANTONI). — BULME-
RINCQ, Praxis, Theorie und codification des Vœlkerrechts, 1874. —
MANCINI, Vocazione del nostro secolo per la riforma e codifica-
zione del diritto delle genti, 1874 ; BERGBOHM, Staatsvertræge und
Gesetze als Quellen des Vœlkerrechts, 1877.

## II. — LES PERSONNES INTERNATIONALES

§ 16. — **L'État comme personne internationale.**

Seules les nations constituées en État peuvent entretenir entre elles des relations juridiques constantes. Il faut, en effet, qu'une nation se soumette à une autorité suprême, fortement consolidée, pour pouvoir manifester sa volonté au dehors, pour acquérir des droits et pour les faire valoir, pour remplir les obligations contractées et pour empêcher tout citoyen d'entreprendre contre les nations amies des actes contraires au droit et à la justice.

Entre la manière dont le droit public et celle dont le droit international étudie les questions relatives à l'État, il y a souvent une très grande analogie, mais souvent aussi des différences notables. Le droit public considère l'État et l'autorité souveraine qui guide les destinées de l'État comme des institutions immuables que la volonté nationale a créées pour toujours. Il ne s'occupe ni de la manière dont elles ont pris naissance, ni de la manière dont elles peuvent prendre fin. Aucune constitution ne contient une disposition en conformité de laquelle l'État, comme tel, pourrait être dissous. Tout autre est la manière dont le droit des gens envisage les choses. L'histoire nous apprend que les États, de même que les individus, sont destinés à naître et à disparaître, qu'ils sont sujets à des changements continuels provoqués par des événements physiques ou exigés par les lois de l'histoire du monde. La constitution de chaque État, sa puissance, sa formation territoriale et sa législation, l'État lui-même a un commencement et une fin. Tantôt c'est un grand empire qui se dissout pour faire place à plusieurs petits États. Tel a été le sort des empires romain, byzantin, arabe et allemand. Tantôt ce sont plusieurs petits États qui se réunissent en un seul grand État. C'est ainsi que s'effectua la formation territoriale en Espagne et en France vers la fin du moyen âge ; en Allemagne et en Italie de nos jours mêmes. Le droit public est uniquement le droit de ce qui existe. Il est basé sur une fiction, celle de la durée éternelle de l'ordre de choses établi dans un pays. Le droit des gens, au contraire, s'occupe de la création, de l'existence et de l'extinction des États, et il considère tous ces faits comme parfaitement conformes à la marche de l'humanité.

Pour qu'un État soit reconnu comme sujet du droit des gens, il suffit, 1° que son existence soit un fait accompli, 2° qu'il jouisse d'une indépendance entière dans ses rapports avec les autres États, 3° enfin qu'il se montre prêt à entrer en relations avec les États déjà existants, en se conformant aux règles du droit international.

## § **17**. — Diverses espèces d'États.

L'indépendance ou souveraineté est la première condition indispensable pour faire partie de la communauté des peuples civilisés. En droit international, on entend par souveraineté la faculté de régler ses relations avec les autres puissances d'une manière libre et indépendante de toute volonté supérieure. Quant au titre que portent les organes chargés de représenter la volonté nationale dans les relations extérieures, il est absolument indifférent au point de vue du droit des gens. Mais il est nécessaire que l'autorité souveraine se conforme à la volonté de la nation dont elle passe pour être l'expression, même dans la monarchie absolue.

Les différentes catégories d'États sont :

1° *L'État simple centralisé* tel qu'il existe en France, en Espagne et en Italie.

2° *L'union réelle*, dont les rapports avec l'étranger sont réglés par la volonté d'une seule et même autorité souveraine.

3° *L'union personnelle*. Ici, une double représentation de la volonté nationale est possible. Les États unis personnellement conservent leur souveraineté, et ils peuvent, en conséquence, malgré le chef commun, entretenir des relations juridiques régulières aussi bien entre eux qu'avec les puissances étrangères. Ainsi le grand-duché de Luxembourg a une représentation diplomatique particulière, quoiqu'il soit gouverné par le roi de Hollande. C'est même pour cette raison que l'union personnelle doit être reconnue par les autres États. Remarquons enfin qu'il n'existe aucun empêchement de droit international à ce que des États réunis sous un chef commun se fassent la guerre, pourvu toutefois qu'ils aient, chacun, leur armée propre.

4° *La confédération d'États.*

La souveraineté de chacun des États confédérés est limitée, au point de vue du droit international, par le but commun que poursuivent tous les États faisant partie de la confédération. Cependant ces États n'abdiquent pas leur souveraineté, et le droit des gens peut les reconnaître comme souverains. La réalisation du but commun ne peut, en effet, être poursuivie qu'avec l'assentiment de tous les États confédérés. Il est vrai que dans plusieurs cas la majorité seule décide, mais il faut pour cela que les membres de la confédération aient pris, dès le début, l'engagement par contrat, c'est-à-dire de leur propre volonté, de se soumettre aux décisions de la majorité. Les États associés jouissent du droit d'entretenir des relations diplomatiques avec les autres nations. Ils peuvent passer des traités avec les puissances étrangères, et comme aucun des États faisant partie de la confédération ne se trouve dans un état de dépendance quelconque, chacun de ces États peut faire la guerre à la confédération, même si tous les États avaient renoncé, par le traité constitutif, au droit de se faire justice à eux-mêmes.

5° *L'État fédéral.* Ici, il n'y a qu'une seule autorité

suprême et par conséquent une seule puissance souveraine. Les différents membres de l'État fédéral doivent obéir aux ordres du pouvoir central ; aussi ne peuvent-ils prétendre ni à la souveraineté internationale, ni à la qualité de sujets immédiats du commerce international. L'idéal d'un État fédéral a été réalisé en Suisse et en Amérique ; quant au nouvel Empire allemand, il se distingue encore par certaines particularités qui lui assignent une place à part. Aucun des membres de l'État fédéral ne peut, de son propre chef, contracter des obligations envers l'étranger, et il ne peut, non plus, déclarer la guerre au pouvoir central. Toute guerre dans le sein de l'État fédéral est une guerre civile, et l'État en révolte n'aura la qualité de belligérant que lorsque cette qualité lui aura été reconnue par les puissances tierces.

Pour savoir si une réunion d'États constitue un État fédéral ou une confédération d'États, il faut examiner la nature et l'objet des traités conclus en vue de la formation de cette association, ainsi que les obligations qui incombent au pouvoir central. Celui-ci doit, en effet, empêcher toute violation du droit des gens qu'un membre de l'État fédéral serait porté à commettre, et, au besoin, il doit en supporter les conséquences. Partout où cette obligation fait défaut, l'union ne forme pas un État fédéral.

6° *L'État mi-souverain.* L'expression même de mi-souveraineté, qui est, à vrai dire, un contre-sens, nous indique l'anomalie que présente cette espèce d'États. On entend par mi-souveraineté une situation juridique particulière qui fait qu'un État est placé sous la protection (suzeraineté) d'un autre État pour ce qui concerne ses relations extérieures. Toutefois l'État mi-souverain ne perd pas la capacité de s'obliger, dans une certaine mesure, envers l'étranger.

Les États mi-souverains que les manuels citent le plus souvent sont : la principauté de Monaco qui fut placée en 1815 sous le protectorat du royaume de Sardaigne ; la république d'Andorre qui est placée par suite d'un usage immémorial sous le patronage de la France et d'un évêque espagnol ; la république de Saint-Marin, sous celui du pape ; le Transvaal, dans le sud de l'Afrique, par rapport à l'Angleterre ; la Tunisie sous le protectorat de la France depuis 1881. La condition de certains autres États, tels que l'Égypte et la Bulgarie, est fort douteuse. D'après les uns, ils jouissent d'une liberté d'action incompatible avec la nature de la mi-souveraineté. D'après les autres, ces États sont entièrement soumis à une autre puissance. Wheaton et les tribunaux des États-Unis considèrent aussi comme mi-souveraines les tribus indiennes de l'Amérique du Nord qui ne vivent plus en nomades. On est cependant en droit de se demander si la notion même de l'État peut être appliquée à des tribus sauvages.

Si on voulait assigner une place à la mi-souveraineté parmi les unions d'États, il faudrait la ranger entre la Confédération et l'État fédéral, car elle crée des liens plus étroits que ceux qui relient les États d'une confédération, mais plus lâches que ceux qui rattachent entre eux les membres d'un État fédéral.

En définitive, nous pouvons dire que la situation des

États mi-souverains est profondément irrationnelle ; on peut même la qualifier d'hybride. Il serait donc à désirer que cette institution disparût du droit des gens, d'autant plus que l'on peut obtenir les avantages qu'elle présente en proclamant la neutralité des États faibles.

JELLINECK, Die Lehre von den Staatenverbindungen, 1882 ; Ch. STUBBS, Suzerainty or the rights and duties of suzerain and vassal states, London, 1882.

## § 18. — Reconnaissance d'États nouvellement fondés.

Ce qui peut donner naissance à un État nouveau, c'est, ou bien, 1° la colonisation de territoires ne faisant encore partie d'aucun État, ou bien, 2° le fait que certaines parties d'un État secouent l'autorité du pouvoir central et acquièrent leur indépendance, ou bien enfin, 3° la réunion de plusieurs États en un seul grand État. La reconnaissance de la part des autres puissances n'est pas nécessaire à l'existence même du nouvel État. Elle est seulement nécessaire pour constater juridiquement qu'il est entré dans l'association internationale des États et pour lui permettre d'exercer sa souveraineté extérieure. Souvent il s'élève des contestations sur le point de savoir si toutes les conditions voulues pour obtenir la qualité de personne internationale sont remplies ou non. Cette difficulté se présentera surtout en cas d'insurrection. L'État lésé refusera de reconnaître le fait accompli aussi longtemps qu'il aura l'espoir de faire rentrer ses sujets rebelles sous son autorité. Mais les puissances tierces ne sont pas tenues d'attendre cette reconnaissance : elles ont le droit de prendre la décision qui leur paraît la plus juste et la plus opportune. Dans tous les cas, si l'État lésé reconnaît le nouvel État, les gouvernements étrangers n'auront plus de raison pour refuser de le reconnaître également.

La reconnaissance peut être expresse ou tacite. Elle est tacite, lorsqu'une puissance entretient, avec l'État nouvellement fondé, certaines relations internationales qui ne sont possibles qu'entre États souverains. Ainsi, la conclusion de traités, la nomination de représentants diplomatiques, de consuls, etc., sont autant d'actes impliquant une reconnaissance tacite. Mais celle-ci ne résulte pas de l'autorisation accordée par un gouvernement à ses sujets de faire le commerce avec les sujets de l'État nouveau. Les relations de voisinage avec un État dont l'existence territoriale n'est pas reconnue présentent souvent des difficultés considérables. Les rapports qui existent entre le pape qui est encore souverain et le royaume d'Italie qui s'est enrichi des possessions de la papauté nous en fournissent la preuve la plus éclatante. Parfois, la reconnaissance d'un nouvel État, c'est-à-dire la déclaration faite par les États déjà existants qu'ils consentent à entretenir des rapports réguliers avec lui, est purement conditionnelle. C'est ainsi que les puissances signataires du traité de Berlin ont imposé à la Roumanie et à la Serbie certaines conditions que ces pays doivent observer s'ils veulent continuer à faire partie du concert européen.

(S. — Tout dernièrement encore un État nouveau, le Congo, s'est formé en Afrique. Dans la conférence africaine de Berlin, que l'Allemagne avait convoquée (circulaire du 6 octobre 1884) d'accord avec la France et sur la proposition du Portugal, pour régler les principes qui devraient présider aux relations internationales dans l'Afrique équatoriale, les représentants diplomatiques de l'Allemagne, de la France, du Portugal, de l'Autriche-Hongrie, de la Grande-Bretagne, de l'Italie, des Pays-Bas, de la Russie, des États scandinaves et de la Turquie, fixèrent les conditions que le nouvel État devait respecter et remplir pour être reconnu par leurs gouvernements respectifs. Conformément à cette décision, tous les principaux États du monde reconnurent l'Association internationale du Congo, ainsi que le pavillon (bleu avec une étoile d'or au centre) que cette association, fondée par le roi des Belges, a adopté comme son drapeau, et celui des États libres sous son administration. Le 1ᵉʳ août 1885, les possessions de l'Association se constituèrent en État indépendant du Congo. Le roi Léopold II accepta le titre de souverain de cet État et créa ainsi entre la Belgique et le nouvel État une union personnelle).

S. — V. v. HOLTZENDORFF dans son Handbuch des Vœlkerrechts, II; SPENCE, On the recognition of the Southern Confederation, 3ᵉ éd., 1862 ; GIBBS, Recognition. A chapter from the history of the North American and South American states, 1863. — Pour l'influence du principe des nationalités sur la formation des États voir : MANCINI, Della nazionalità come fondamento del diritto delle genti,

1851 ; Mamiani, Di un nuovo diritto pubblico europeo, 1859 ; Pierantoni, Storia degli studi del diritto internazionale, p. 180 et s. ;
Esperson, Il principio di nazionalità, applicato alle relazioni internazionali, 1868. — Sur le nouvel État du Congo : Martens, Nouveau recueil général des Traités, IIe série, t. X ; Robolsky, Acte
général de la conférence de Berlin, Leipzig, 1885 ; Staatsarchiv. V.
XLV, Bulletin officiel de l'État indépendant du Congo, 1885 ; Pat-
zig, Die afrikanische Konferenz und der Kongostaat, Heidelberg
1885 ; Aktenstücke, betreffend die Kongofrage, nebst Karte, 1885.

## § 19. — Succession des États.

Lorqu'un État disparaît pour faire place à un nouvel
État, il naît la question de savoir si celui-ci succède à
toutes les obligations et à tous les droits internationaux
de l'État qui a cessé d'exister. L'union personnelle et
l'union réelle laissent subsister les anciens traités. En
cas d'annexion d'États souverains, les habitants des pays
annexés entrent dans toutes les obligations et acquièrent
tous les droits résultant des conventions internationales
passées précédemment. Les diminutions de territoire ne
dégagent pas un État de ses engagements, sauf toutefois
le cas où ces engagements auraient été contractés uniquement en vue des territoires perdus. L'État nouveau
qui s'est formé à la suite d'une insurrection n'a pas besoin de reconnaître les anciens traités, puisqu'il a rejeté,
les armes à la main, l'autorité de la puissance souveraine qui les avait conclus. D'ailleurs, il ne peut être
question des obligations de faire ou de ne pas faire, qui
sont pour la plupart du temps indivisibles. Mais il est

juste que ce nouvel État contribue aussi au paiement des
dettes, car elles avaient servi à satisfaire les besoins de
la population entière. Quant à la manière dont les dettes
devront être réparties, elle fera l'objet de stipulations
particulières ; le droit des gens ne contient pas à ce sujet des règles absolues. Le chiffre de la population paraît
être encore la basé la plus rationnelle. Mais on pourrait
aussi fixer la somme due en proportion de l'étendue du
territoire, de la fortune des habitants ou de l'impôt qu'ils
payaient.

Dans le cas où plusieurs États souverains auraient
formé volontairement un État fédéral, l'ancien droit
conventionnel de ces États reste en vigueur, car un
État peut prendre envers l'étranger des engagements qui
ne concernent qu'une partie de son territoire. Cependant
certains traités, tels que les traités d'alliance dont l'objet est incompatible avec le but commun poursuivi dans
l'État fédéral, doivent nécessairement cesser d'exister
après la formation du nouvel État.

Haas, Ueber das Repartitionsprincip der Staatsschulden bei Læn-
derzerstückelungen, 1831 ; v. Holtzendorff, Handbuch des Vœlkerrechts, II, § 10 et s. ; Martens-Bergbohm, Vœlkerrecht, I, § 65
et s. ; Pfeiffer, Recht der Kriegseroberung in Bezug auf Staats-
kapitalien, 1823 ; Heffter, Droit international de l'Europe, § 25 ;
Bluntschli, Vœlkerrecht, § 46-60 ; Pradier-Fodéré, Traité de droit
international public, I, 159 et s. ; F. Gabba, Successione di Stato a
Stato, dans ses questioni di diritto civile, Turin, 1882, p. 375 et s. ;
Calvo, Droit international, I, 247.

§ 20. — Les organes du commerce international.

La souveraineté intérieure est exercée et ne peut être exercée que par des personnes physiques. Ces personnes constituent aussi les organes du commerce international. Le titre de ces détenteurs du pouvoir suprême varie selon les différentes constitutions. Dans une monarchie, c'est le monarque qui a la direction supérieure des intérêts généraux de l'État; dans les Républiques, c'est ou bien un président, comme en Amérique et en France, ou bien un Conseil comme en Suisse. Le pouvoir suprême établi dans un État peut seul veiller aux relations internationales, car l'unité de volonté et d'action est ici indispensable. Le gouvernement, même dans le cas où il serait irresponsable en vertu de la constitution, est nécessairement responsable envers l'étranger, non seulement de ses propres actes, mais encore des violations de l'ordre de choses établi dans un autre pays dont ses sujets pourraient se rendre coupables. Cependant, la responsabilité du gouvernement cesse lorsque la puissance étrangère a le droit et le pouvoir de se protéger elle-même. Il est évident aussi que le peuple, dans son ensemble, doit supporter les conséquences de tout acte commis par son gouvernement à l'encontre des principes du droit des gens. C'est pourquoi, au point de vue du droit international, on ne saurait admettre la distinction établie par quelques pu-

blicistes français à propos de la déclaration de guerre
de 1870 entre gouvernants et gouvernés. La nation entière a, en effet, les mêmes droits et les mêmes obligations.

### § 21. — Restrictions apportées au droit
de représentation.

La constitution d'un État ne pourrait accorder à
plusieurs organes à la fois le droit de représentation
(*Jus repræsentationis omnimodæ*) qui appartient au pouvoir suprême. Mais elle peut soumettre ce droit à certaines restrictions. — Ainsi, elle peut exiger: 1° qu'une
assemblée donne son approbation préalable, non seulement à la conclusion des traités, mais encore à la nomination des agents diplomatiques. Le Sénat en Amérique est revêtu d'une telle prérogative. 2° Que certains
traités, tels que les traités de commerce et les traités
réglant les questions douanières, ne soient conclus
qu'avec l'assentiment des Chambres. 3° Une troisième
restriction résulte du principe de l'indépendance absolue du pouvoir judiciaire. Lié par ce principe, le souverain est dans l'impossibilité de faire droit, de sa propre autorité, à des réclamations étrangères qui rentrent
dans la compétence des tribunaux. Ces diverses restrictions peuvent faire naître un conflit entre le droit de
représentation internationale de l'autorité souveraine
-et les droits constitutionnels de cette autorité. En d'au-

tres termes, le chef de l'État peut, grâce à son droit de
représentation, faire certains actes et prendre envers
l'étranger certains engagements qui dépassent les limites que lui assigne la constitution. Un conflit de cette
nature se présenterait par exemple dans le cas où un
monarque, contrairement aux prescriptions de la constitution qui exigerait le consentement des Chambres
pour une cession de territoire, accorderait à l'étranger
un accroissement territorial au détriment de son propre
pays. Il se présente ici la question de savoir si l'étranger
acquiert quand même des droits à la suite d'un acte illégal, ou bien s'il est tenu d'examiner quels sont les
droits de son co-contractant avant d'entamer avec lui
des négociations. La question n'a pas encore reçu de
solution définitive. Ce qu'il y a de certain, c'est qu'il
peut s'élever des conflits de compétence entre le droit
des gens et le droit public, et que le principe de l'indépendance des tribunaux ne doit pas porter préjudice aux
droits des nations étrangères.


## § 22. — Changements dans la forme
## du gouvernement.


Les puissances étrangères n'ont pas à examiner les
faits qui ont revêtu un gouvernement de la puissance
suprême dans un pays. Le droit des gens ne connaît
pas le principe dynastique de la légitimité. Non seulement les États, mais aussi les formes de gouvernement

sont soumises aux changements provoqués par la marche des événements. Ce n'est pas au droit des gens à examiner si une constitution a été établie conformément au droit, il suffit que tout fasse présager qu'elle est destinée à durer. Aussi, *reconnaître* un nouveau gouvernement ne signifie pas autre chose que de reconnaître le fait accompli de son existence. Pour savoir si on doit reconnaître ou non un gouvernement nouveau, il faut s'inspirer des règles que nous avons posées pour la reconnaissance d'un État nouveau.

Après l'expulsion d'un souverain, l'étranger n'est pas forcé d'attendre qu'un gouvernement définitif s'établisse pour entretenir avec lui des relations internationales. Il peut entrer en rapports même avec un gouvernement provisoire ou une régence. C'est ce qui eut lieu en 1868 après la révolution en Espagne, et en 1870 en France, après la formation du gouvernement de la défense nationale. Cependant ces rapports conservent toujours un caractère provisoire. Notons enfin que le gouvernement nouveau succède à tous les droits et à toutes les obligations du gouvernement ancien.

Si le changement dans la personne de celui qui exerce l'autorité souveraine s'opère conformément à la constitution, si le successeur au trône ou le magistrat élu arrivent au pouvoir dans l'ordre régulier des choses, une reconnaissance de la part des autres États n'est pas nécessaire. On fait tout simplement part aux puissances étrangères du changement survenu, et la forme, plus ou moins solennelle, dans laquelle cette notification a lieu n'a aucune importance juridique.

## § 23. — Droits fondamentaux des États.

Le fait même de la coexistence de plusieurs États indépendants donne naissance à certaines règles élémentaires qui président aux relations internationales que les
États doivent entretenir entre eux. Chaque État a des
droits que les autres doivent respecter et qui rendent
possible la communauté qui existe entre les nations.
Ces droits découlent de la nature même des choses et
non pas d'un traité quelconque. C'est pourquoi on les
appelle fondamentaux. Ils forment la constitution non
écrite qui règle les rapports des peuples civilisés. Aussi,
en violant un de ces droits, un État ne lèse pas seulement le pays offensé, il commet un crime contre le
principe de la communauté des peuples. De même que
le crime commis contre la personne d'un seul citoyen
atteint l'organisation sociale du pays tout entier, de
même aussi la violation d'un des droits fondamentaux
des nations atteint l'idée même de l'humanité.

Ces différents droits fondamentaux sont: le droit de
conservation ; le droit de souveraineté ; le droit de
commerce mutuel ; le droit de respect mutuel.

## § 24. — Droit de conservation.

Il est évident que le droit de conservation ne peut être refusé ni à un État existant, ni au pouvoir souverain qui dirige les destinées de cet État. Mais ce droit trouve une limite dans le droit égal des autres nations. Aussi, le pouvoir établi dans un État ne doit pas chercher à sauver une situation désespérée à l'intérieur au moyen de guerres extérieures ou de conquêtes. Chaque État a, en outre, le droit de décider sa propre ruine. Ainsi il peut renoncer à son indépendance pour se réunir à un autre État et ne former avec lui qu'un seul corps politique. L'État a le droit de prendre les mesures nécessaires à sa conservation aussi bien à l'intérieur du pays, pour étouffer une révolte ou tout autre danger qui le menacerait, qu'à l'égard de l'étranger, pour repousser ses attaques. C'est pourquoi les sujets étrangers n'ont pas à se plaindre des lois d'exception qu'un gouvernement croirait devoir édicter. Il est également permis à l'État de construire des forts, d'entreprendre des armements, et en général de prendre toutes les mesures de précaution qu'il jugerait utiles. Mais il faut éviter de donner à ces mesures un caractère menaçant et d'amasser par exemple à la frontière des troupes dont le nombre dépasserait de beaucoup les besoins de la défense.

## § 25. — Droit d'indépendance.

Pour avoir la qualité de personne internationale, il faut qu'un État soit souverain. En défendant donc son indépendance un État ne fait qu'user de son droit de conservation. — Toutefois il ne peut, sous prétexte d'une indépendance absolue, entreprendre des actes qui compromettraient la sécurité générale des autres peuples. Dans l'intérieur du pays, l'autorité suprême est libre de faire ce qu'elle juge convenable et utile à ses intérêts ; elle ne doit rendre compte à personne de la manière dont il lui convient de traiter ses sujets, et aucun État ne peut s'arroger ici un droit d'immixtion. Des actes barbares pourraient cependant soulever la réprobation générale et exposer le gouvernement qui s'en serait rendu coupable à des protestations et à des représentations de la part des autres puissances. C'est ce qui est arrivé pour la Roumanie.

La conséquence la plus importante du droit d'indépendance, c'est que, au point de vue du droit international, chaque peuple a la faculté de modifier sa constitution selon son bon plaisir et en se servant soit de moyens légaux, soit de moyens illégaux.

Ce droit implique aussi le devoir qui incombe à chaque peuple de supporter les conséquences d'une injustice commise envers l'étranger par son gouvernement, car c'est lui-même qui a voulu être dirigé par un gouvernement pareil. Bien plus, le peuple a l'obligation morale de renverser un pouvoir suprême qui violerait toutes les règles de la justice et tous les principes du Droit des gens.

Le droit de s'engager envers l'étranger par des traités est aussi une conséquence du droit de souveraineté.

### § 26. — De l'intervention.

On a souvent méconnu, nié même le principe de la souveraineté des peuples. L'intervention ou immixtion violente dans les affaires intérieures d'un pays constitue l'atteinte la plus grave qui ait été portée à ce principe. — Toute intervention dans les affaires intérieures d'un État doit être considérée comme absolument contraire au Droit des gens. Cependant, depuis 1815 il s'est produit bon nombre d'interventions, et même l'ancienne théorie s'était efforcée de justifier et de prouver la nécessité d'un prétendu droit d'intervention pour certains cas exceptionnels. C'est ainsi que depuis la Révolution française, tantôt les partisans du principe de la légitimité, tantôt ceux des idées révolutionnaires ont proclamé le bien fondé de l'intervention, comme une conséquence naturelle de la solidarité qui unit tous les défenseurs des mêmes intérêts. — Il est vrai que le contre-coup de tout changement subit survenu dans l'ordre de choses établi dans un pays se fera sentir à l'étranger. Les idées dominantes des partis politiques et religieux, surtout du parti socialiste et du parti ultramontain, sont, presqu'au même degré que les besoins et les intérêts économiques, identiques chez toutes les nations. Mais cette dépendance forme précisément un des principes fondamentaux du droit des gens, et jamais la violence ne pourrait la faire cesser. Chaque État doit chercher à repousser l'influence qu'il redoute, soit en se défendant avec ses propres moyens, soit en s'unissant à d'autres États pour la défense commune.

Quant à l'intervention, il faut l'éviter toujours, car elle viole les principes du commerce libre entre les nations et prive celles-ci de leur indépendance au profit d'une puissance supérieure en force. Peu importe que les cas d'intervention soient plus ou moins nombreux, le procédé même ne doit jamais être employé. Mais, pour parler d'intervention, il faut que l'immixtion dans les affaires d'un État ait été *violente, agressive* ; il faut qu'un État ait voulu établir ou maintenir dans un autre État une forme de gouvernement ou une autorité souveraine par la force des armes. On ne peut non plus parler d'intervention dans le cas où un État aurait provoqué l'immixtion d'un autre État dans ses affaires, par suite d'une attaque inconsidérée qu'il aurait préalablement tentée contre lui. Ainsi l'État resté vainqueur dans une guerre a le droit d'exiger que le gouvernement du pays vaincu soit organisé de façon à pouvoir remplir les obligations imposées. Ce n'est pas là un cas d'intervention.

Cependant on s'y est souvent mépris. On a considéré comme un cas d'intervention ce qui, en réalité, ne constituait qu'un juste motif de déclarer la guerre à une puissance qui, vaincue, a dû se soumettre à la volonté du vainqueur et modifier, sur son ordre, certaines parties de sa législation intérieure.

L'immixtion violente dans les relations extérieures d'un État soit en temps de paix, soit en temps de guerre. est tout aussi condamnable que l'intervention dans ses affaires intérieures. Mais il y a des cas où une immixtion devient nécessaire et ne constitue d'ailleurs pas un cas d'intervention. Ainsi les puissances qui ont garanti la neutralité d'un pays doivent le protéger, au besoin les armes à la main, contre toute attaque. De même les puissances peuvent s'opposer à une violation de la paix commise contrairement à tous les principes du droit des gens.

*Aucun État n'a le droit d'imposer par la force la paix à deux pays en guerre*. Cependant si une nation, déjà trop puissante, cherchait par des moyens violents, à agrandir encore son territoire, les gouvernements des autres puissances, qui doivent songer non seulement aux périls présents, mais encore aux dangers à venir, peuvent intervenir pour arrêter cette ambition déréglée. Toutefois le vainqueur n'a pas besoin d'attendre que les autres puissances reconnaissent le traité qu'il impose au vaincu. Même dans le cas où le traité modifierait une situation juridique reposant sur une entente générale, la liberté d'action du vainqueur ne serait pas limitée.

L'ancienne doctrine distinguait quatre sortes d'interventions.

1) L'intervention proprement dite ou immixtion violente en qualité de partie principale ;

2) La coopération ou intervention violente de concert avec un pays étranger;

3) La menace de guerre éventuelle connue sous le nom de paix armée ;

Et enfin, 4) L'intercession amicale. Mais c'est à tort que l'on compte cette dernière parmi les cas d'intervention. Il n'y a pas lieu de qualifier d'immixtion un simple avertissement donné à un gouvernement sur les conséquences funestes que pourrait avoir sa manière d'agir.

Quant à la coopération, on ne saurait, non plus, la ranger, sans hésitation, parmi les cas d'intervention. — Remarquons enfin qu'une intervention peut être déguisée sous forme d'une alliance offensive et défensive entre un État puissant et un État dont l'importance militaire est presque nulle. Le traité d'alliance de 1859 entre la France et le Piémont nous offre un pareil exemple.

ROTTECK, Das Recht der Einmischung in die inneren Angelegenheiten eines fremden Staates, 1854; BERNER, dans le Staatswœrterbuch de Bluntschli, V, 354 ; GEFFCKEN, dans le Handbuch des Vœlkerrechts de HOLTZENDORFF; RIVIER, Lehrbuch des Vœlkerrechts, p. 164 et s. ; HEFFTER-GEFFCKEN, Vœlkerrecht, § 44 et s. ; MILL, A few words on intervention, dans ses Dissertations and discussions political, philosophical and historical ; VREEDE, Oratio de juris publici et gentium præceptis a liberis Europæ civitatibus adversus vim ac dolum fortiter tuendis, 1861 ; CARNAZZA AMARI, Sull' equilibrio degli stati. Catania, 1868 ; HAUTEFEUILLE, Le principe de non-intervention et ses applications, 1863 ; STAPLETON, Non intervention versus intervention or the foreign policy of great Britain, 1865 ; STRAUCH, Zur Interventionslehre, 1879 ; OLIVI, La questione del diritto d'intervento (Arch. giur. 1880).

## § 27. — Droit de commerce mutuel.

Sous certains rapports ce droit n'admet ni conditions,
ni restrictions. Ainsi on ne peut défendre à un peuple
de faire usage des voies de communications ouvertes à
toutes les nations, et on ne peut empêcher deux États
souverains d'entretenir entre eux des relations internationales. Mais aucun État ne peut forcer un autre de lui
faire des concessions nuisibles à ses propres intérêts
commerciaux. L'indépendance, à laquelle chaque État a
droit, exclut toute prétention de ce genre. Les États
souverains conservent donc toujours la faculté d'ordonner par une loi, que certains objets restent en dehors
du commerce international. Ils peuvent, en outre, prescrire des formalités à remplir et empêcher, même par
une simple défense et non pas au moyen d'un blocus,
que le commerce international se fasse dans certaines
parties de leur territoire. Toutefois il ne faudrait pas
pousser ces mesures restrictives à l'excès. Fermer entièrement son territoire au commerce et aux personnes
de l'étranger serait contraire à tous les principes du
droit des gens. Mais en cas de guerre, même le commerce maritime des neutres aura à subir certaines entraves.

## § 28. — Droit de respect mutuel.

Les droits de relations mutuelles, de conservation et de souveraineté sont indispensables à l'existence de l'État. Il n'en est pas de même du droit de respect mutuel. L'existence même d'un État n'est pas menacée par l'injure qu'on lui aurait faite ou par le dédain qu'on lui aurait témoigné. Mais il n'en est pas moins vrai que la nation qui ne réagirait pas avec la fermeté nécessaire contre le mépris de ses droits perdrait sa dignité et ne serait plus l'égale des autres nations. En violant le droit de respect mutuel, on viole donc le plus souvent le droit d'indépendance d'un peuple, et ces deux droits se confondent ainsi dans la plupart des cas. Néanmoins plusieurs différences les séparent et il est nécessaire de conserver à chacun d'eux sa place distincte parmi les droits fondamentaux des États. — Le droit de respect mutuel est indispensable au maintien de l'ordre et de la paix dans la grande association dont les États sont les membres et, en violant ce droit, une nation se rend coupable d'un véritable délit du droit des gens.

Chaque État est surtout tenu de respecter :

1° Les insignes d'un État et les symboles de sa majesté. En effet, insulter les armes, le drapeau, le pavillon d'un État, c'est insulter, pour ainsi dire en effigie, cet État lui-même ;

2° Les chefs d'État ;

3° Les rapports qui existent entre l'autorité souveraine et les sujets d'un État. Ce serait, en vérité, manquer à tous les égards que les États doivent avoir les uns pour les autres que d'exciter des sujets contre les pouvoirs établis dans un pays. Cependant il n'est pas nécessaire de pousser la condescendance jusqu'au point d'éviter ce que les sujets mêmes de l'État devraient avoir le droit de faire. La législation d'un pays ne devrait jamais défendre, par principe, de reproduire des faits véridiques ou d'exprimer des idées conformes à la vérité. Tout au plus pourrait-elle restreindre ce droit par certaines dispositions spéciales, surtout en faveur du chef de l'État. A plus forte raison, la presse et les États étrangers ont-ils le droit de blâmer publiquement une action contraire au droit des gens et à l'humanité ;

4° Les citoyens d'un État.

Tout traitement illégal, toute violation arbitraire des droits d'un étranger est une atteinte portée au droit de respect mutuel. C'est l'État lui-même que l'on offense dans la personne d'un de ses sujets ;

5° Les limites territoriales d'un État et l'ensemble de ses droits sur son territoire.

## § 29. — Prérogatives des chefs d'État et surtout des souverains.

Les personnes revêtues du pouvoir suprême sont en même temps la représentation vivante de l'État. Elles ont droit à tous les honneurs, à toutes les prérogatives qui constituent la preuve des relations amicales entre les États et que l'on désigne sous le nom d'honneurs royaux. Les usages qui règlent ces distinctions honorifiques, et qui se sont établis par suite d'une pratique constante, forment le droit cérémonial de l'Europe. Ce droit porte, d'ailleurs, l'empreinte des anciens temps. Le principe de l'égalité parfaite qui doit exister entre États souverains y est souvent méconnu. Le rang et l'importance d'un État jouent encore un rôle considérable. Nous retrouvons ces distinctions dans les titres d'empereur, roi, pape, grand-duc, duc et prince souverain. Cependant aucune prérogative n'est attachée au titre d'empereur. Il confère les mêmes droits que celui de roi. Mais un souverain ne peut changer de sa propre volonté, et sans se soucier des autres gouvernements, le titre qu'il a toujours porté. Pour prendre un nouveau titre, il faut qu'il s'assure du consentement des autres puissances.

Non seulement le souverain, mais aussi certains membres de sa famille, surtout son épouse et l'héritier du trône, jouissent de certains droits spéciaux. Ce sont surtout les liens de parenté qui unissent presque toutes les cours de l'Europe qui ont contribué à ce résultat. Cependant un manque de courtoisie à l'égard de ces personnes ne constitue pas une violation du droit des gens. Il va sans dire que même les chefs d'États républicains ont droit aux mêmes honneurs royaux que les chefs d'États monarchiques.

La différence qui existe entre les prérogatives des

membres des familles souveraines et celles du souverain lui-même se montre surtout dans le droit d'exterritorialité dont jouissent seuls les chefs d'État. Le même
droit est accordé à ceux qui, à l'étranger, exercent des
droits que le souverain leur a délégués. Cela s'applique
aux vaisseaux de guerre dans un port étranger, aux armées traversant le territoire d'un pays ami, enfin, et
par-dessus tout, aux agents diplomatiques qui sont les
représentants permanents des États ou des souverains
à l'étranger.

### § 30. — Droits et devoirs des étrangers.

La situation juridique des étrangers forme une des
plus grandes et des plus importantes questions de l'é-
poque actuelle. On se demande avant tout d'après quels
principes il faut traiter les étrangers. C'est ici que se
manifeste surtout la fusion étroite que le droit international a opérée entre les idées cosmopolites et les idées
nationales. Grâce au droit des gens européen, l'étranger
n'est plus privé de tous droits. Sauf quelques exceptions, il jouit des mêmes droits que le citoyen. Cette
situation privilégiée ne lui a pas été accordée uniquement dans son intérêt propre, mais dans l'intérêt commun de tous, car l'activité économique des hommes
n'est plus renfermée dans les limites d'un État. D'un
autre côté, la législation de chaque pays porte une empreinte nationale. Aussi, en combinant les idées cosmo-

polites avec les idées nationales, le droit des gens doit poser comme principe que « l'étranger doit se soumettre aux lois du pays dans lequel il se trouve, et que ces lois doivent le protéger dans la même mesure qu'elles protègent les nationaux ».

Le droit des gens ne peut se prononcer sur la question de savoir quelles sont les règles de droit applicables aux rapports juridiques nés sous l'empire de lois différentes. Les règles d'après lesquelles le jugement doit être prononcé ne rentrent pas dans le domaine du droit des gens. Cependant la reconnaissance du principe territorial dans l'administration de la justice et dans l'application de la loi a une importance considérable. C'est conformément aux lois du territoire sur lequel il habite que l'étranger acquerra des droits et des obligations. Seuls, la Turquie et les pays d'Orient situés en dehors de l'empire géographique du droit des gens font exception à la règle. Les sujets des nations européennes y jouissent du droit de l'exterritorialité qui leur a été garanti par des traités. En d'autres termes, ce n'est pas la loi territoriale, mais la loi personnelle qui est encore appliquée dans ces pays. Aucun État ne peut s'immiscer dans les affaires intérieures d'un autre État pour lui imposer telle loi ou telle application de la loi. Mais si un gouvernement violait dans la personne d'un étranger une loi qu'il aurait déclarée lui-même obligatoire et générale, l'État étranger serait en droit de réclamer contre cette injustice et d'exiger réparation.

Le domaine du droit privé n'est pas le même dans le monde entier. Une grande indécision règne sur ce point.

Ainsi, en Angleterre et en Turquie, l'acquisition de la propriété immobilière se rattache plutôt au droit public qu'au droit privé. Il y a des pays où certaines obligations personnelles ou certaines fonctions publiques sont intimement liées avec la possession immobilière. Dans d'autres pays, au contraire, on ne considère l'achat ou la vente des immeubles qu'au point de vue du droit privé. Parfois des impôts d'une nature quelconque peuvent aussi donner lieu à des difficultés semblables.

### § 31. — Qualité nationale du citoyen.

Un gouvernement n'est pas en droit d'intervenir en faveur de tous les sujets étrangers ; il ne peut prendre en mains que la défense de ses propres sujets et exiger que justice leur soit accordée. D'ailleurs, ce droit est conditionnel ; il faut que la personne lésée ait épuisé toutes les instances et qu'elle ait cherché par tous les moyens légaux à obtenir réparation du tort qui lui a été fait. Le gouvernement étranger ne peut intervenir que dans le cas où toutes ces tentatives seraient restées infructueuses. Encore faut-il qu'il n'y ait pas de doute sur la nationalité de l'individu qui se plaint d'une injustice. Si une contestation venait à s'élever, c'est à la puissance qui réclame qu'incombe le soin de la preuve. Mais, par suite de la diversité des législations sur cette matière, la preuve n'est pas toujours facile à faire. Les causes pour lesquelles la nationalité est acquise ou perdue ne sont pas les mêmes dans les différents pays. Ce qui surtout fait naître des conflits, c'est que le sujet d'un État peut être à la fois sujet d'un autre État ou sujet mixte, et que quelques pays, pour accorder le droit de citoyen, exigent que l'on renonce à la nationalité antérieure, tandis que d'autres États n'exigent pas une pareille déclaration. De nos jours, grâce à l'immense extension prise par l'émigration, plusieurs personnes quittent leur patrie sans l'autorisation de leur gouvernement ou dans le dessein de se soustraire au service militaire, et se font naturaliser à l'étranger sans avoir renoncé préalablement à leur nationalité première. De retour dans leur pays, on les force à exécuter leurs obligations militaires et il surgit ainsi des conflits entre les deux pays. C'est ce qui est arrivé fréquemment entre les États-Unis et plusieurs États européens. Pour éviter ces conflits, pour faire disparaître ces causes de dissension, il est nécessaire que les États prennent des mesures afin qu'il ne puisse plus subsister de doutes sur la nationalité d'un individu. Le meilleur moyen pour atteindre ce but serait de déclarer qu'on ne peut être sujet de deux États à la fois, que c'est la nationalité des parents et non pas le lieu de la naissance qui décide de la nationalité des enfants, et que seuls le mariage et la naturalisation pourraient faire perdre la qualité de citoyen dans un État pour la faire acquérir dans un autre. Enfin la naturalisation devrait faire perdre *ipso jure* la nationalité antérieure, sauf à édicter certaines peines contre ceux qui se seraient soustraits au service militaire dans leur ancienne patrie. Mais, pour le moment, on s'est contenté de régler les points les plus importants, en laissant de côté le principe lui-même. Très important sous ce rapport est le traité conclu le 23 février 1868 entre le gouvernement américain et la confédération de l'Allemagne du Nord. Plus tard les différents États de l'Allemagne du Sud ont signé des conventions analogues avec l'Amérique. L'Angleterre suivit cet exemple en 1870. — Mais ici aussi on commence à s'inspirer d'idées plus justes et plus élevées. On a reconnu enfin qu'il existe certains droits fondamentaux appartenant à tout homme, sans distinction de nationalité, et qu'il est du devoir de chaque État de protéger ces droits sans rechercher si la personne lésée est un de ses sujets ou bien un étranger.

Il y a une classe assez nombreuse d'individus qui, pour un certain temps du moins, ne font partie d'aucune société politique. C'est, par exemple, le cas des émigrants qui ont renoncé à leur nationalité première sans avoir encore acquis une nationalité nouvelle. De nos jours, la tâche qui incombe au droit des gens est de protéger les émigrants contre ceux qui veulent les exploiter ou les traiter d'une manière contraire aux lois de l'humanité. Tout État faisant partie de la communauté internationale devrait prendre soin de la défense des personnes sans patrie et préserver leurs droits contre toute violation criminelle. En condamnant le commerce des esclaves, en punissant ceux qui s'y livrent comme auteurs d'un crime du droit des gens, les États policés ont déjà reconnu qu'ils ont l'obligation morale de secourir les faibles et les opprimés. Mais on doit tenter encore des efforts considérables. La traite des noirs se fait toujours sur la côte orientale de l'Afrique. Un nouveau commerce de marchandise humaine, sous forme de louage de services, commence à se développer sur les côtes de l'Océan pacifique. On appelle ces malheureux ouvriers, qui se recrutent surtout parmi les Chinois et les Hindous, des coolis. Ils n'ont aucune protection à attendre de leurs gouvernements, et c'est au droit des gens à les arracher aux traitements révoltants qu'on leur fait subir. Quant aux sujets chrétiens de l'empire Ottoman, ils doivent être traités d'une manière équitable et conformé aux exigences de l'idée d'humanité. Des traités nombreux et des promesses solennelles de la part du gouvernement turc le leur ont garanti à maintes reprises.

S. — STŒRK, dans le Handbuch de HOLTZENDORFF, II, 585-671 ; V. MARTITZ, Das Recht der Staatsangehœrigkeit im internationalen Verkehr, dans les Annales de HIRTH. Ce travail est très détaillé et très important, 1875 ; v. SAVIGNY, System VIII ; v. BAR, Internationales Privatrecht, 2e édition, I, §§ 41 et ss. ; UNGER, System des œsterreichischen Privatrechts I §§ 38 et ss. ; STOBBE, Handbuch des deutschen Privatrechts. I, 257 et ss. ; ASSER-COHN, Das internationale Privatrecht, p. 20 et s. ; BULMERINCQ, Vœlkerrecht, p. 253 et ss. ; BIERLING, Zur Kritik der juristischen Grundbegriffe, T. I ; MANDRY, Der civilrechtliche Inhalt der Reichsgesetze, 3e éd., § 4 ; ZORN, Staatsrecht des Deutschen Reiches, I, 260 et ss. ; v. HOLTZENDORFF, Der Rechtsfall der Furstin Bibesco ; LE MÊME, Ausweisung, dans le Rechtslexikon ; HEFFTER-GEFFCKEN, Vœlkerrecht, § 62 ; E. v. MEIER, Naturalisation, dans le Rechtslexikon de HOLTZENDORFF ; STŒRK, Option und Plebiscit ; PŒZL, Einwanderung und Staatsangehœrige, dans le Staatswœrterbuch de BLUNTSCHLI-BRATER ; LANDGRAFF, Das Bundes und Staatsburgerrecht im Nordeutschen Bunde ; MARTENS-BERGBOHM, Vœlkerrecht, II, §§ 47-50. Voir aussi sur ce sujet le rapport très complet qui a été présenté en 1869 au Parlement anglais, Report of the royal commissioners for inquiring into the laws of naturalisation and allegiance, etc. — Kent, Commentaries, I ; Daly, History of naturalisation ; Beach-Lawrence-Wheaton, loc. cit. III ; Dudley-Field-Rolin, Code international, art. 247 et s. ; Halleck, Intern. Law, 1861. p. 795 et ss. ; Travers Twiss, Law of nations, Peace, § 129 ; Ingouf, De la naturalisation ; Georges Reynaud, Questions de nationalités, Rouen, 1877 ; Cogordan, La nationalité. Le Même, Thèse, 1877 : De l'acquisition et de la perte de la qualité de Français : Calvo, Droit international, II, § 226 ; Bonfils, Compétence, etc., à l'égard des étrangers ; Carnazza-Amari, Traité de droit international traduit par Montanari-Revest, T. II, ch. VII ; Sapey, Les étrangers en France sous l'ancien et le nouveau droit ; Weiss-André, Droit international privé, p. 335 et ss. ; Nicot, Étude historique sur la naturalisation, 1868 ; Westlake, De la naturalisation et de l'expatriation ou du changement de la nationalité (Revue de droit international, 1868, p. 102) ; Yeaman, Allegiance and citizenship. An inquiry into the claim of European governments to exact military service of naturalized citizens of the U S. 1867 ; Munde, The Bancroft Naturalisation treaties with the German states, 1868 ; Maclean, De jure emigrandi, 1869 ; Cutlery, Law of Naturalisation with the Acts of 1870 ; Stoicesco, Étude sur la naturalisation. Paris, 1876 ; L. Desfontaines, De l'émigration, Étude sur la condition juridique des Français à l'étranger, 1880 ; De Folleville, Traité théorique et pratique de la naturalisation. Paris, 1880.

## III. — LE TERRITOIRE DE L'ÉTAT ET LES VOIES DU COMMERCE INTERNATIONAL.

### § 32. — Droits de l'autorité souveraine sur le territoire de l'État.

Aucune puissance étrangère ne peut porter atteinte à ces droits de l'autorité suprême sans violer les droits fondamentaux de l'indépendance et du respect mutuel des nations. Entreprendre sur un autre territoire que le sien des actes impliquant la souvenaineté, c'est offenser l'État étranger et même menacer son indépendance. Un traité seul, conclu dans l'intérêt des facilités du commerce, peut stipuler des exceptions. Tout ce qui se trouve sur le territoire d'un État, hommes et choses, est soumis à la volonté du pouvoir suprême qui y est établi. Cette volonté ne doit pas toutefois être arbitraire ; le droit privé et le droit des gens lui tracent des limites qu'elle ne doit pas dépasser. Un État est de même maître absolu des voies de communication qui se trouvent sur son territoire et qui sont sa propriété. Il peut prendre les mesures restrictives qu'il juge nécessaires à ses intérêts ; il peut ordonner la quarantaine dans ses ports pour se préserver des maladies contagieuses; il peut prescrire à ses employés des douanes des recherches très minutieuses pour empêcher la contrebande ; il peut édicter des formalités gênantes concernant la présentation de passeports à la frontière ; il peut expulser des étrangers pour raisons de police. Cependant l'immense extension que les moyens de communication ont prise a forcé les États de l'Europe occidentale de ne plus exercer la même surveillance jalouse sur les étrangers ; et surtout de ne plus leur interdire l'accès du territoire.

## § 33. — Les limites de l'État.

Les frontières sont les signes extérieurs qui nous montrent où la puissance d'un État s'arrête et où celle de l'autre État commence. Pour la paix du monde, il est de la plus grande importance de bien fixer les limites de chaque État. Les frontières des États sont ou bien des frontières physiques, c'est-à-dire tracées par la nature elle-même, telles que rivages de la mer, cours d'un fleuve, chaînes de montagnes, ou bien conventionnelles. Elles sont conventionnelles, lorsqu'elles sont marquées par des fossés, des bornes, des barrières ou des amas de terre, c'est-à-dire par des signes extérieurs qui sont l'œuvre de l'homme et non pas de la nature. Souvent aussi on se sert de ces signes extérieurs pour marquer une frontière déjà tracée par la nature. Ce soin devient néanmoins inutile lorsque des obstacles infranchissables, par exemple de hautes chaînes de montagnes, rendent toute communication impossible. Pour les fleuves, c'est la ligne médiane que l'on prend pour frontière et cette frontière n'est pas modifiée, même dans le cas où le lit du fleuve viendrait à changer. La délimination des frontières peut souvent donner lieu à des contestations. Autrefois ce fut là une grande source de guerres. De nos jours, grâce aux nombreux traités qui ont tracé les limites de chaque État, ces contestations ont perdu leur caractère de gravité. Le plus souvent, il s'agit d'espaces de terrain très peu étendus, et on tranche le conflit soit au moyen d'une transaction, soit en se remettant à la décision d'un arbitre. On a aussi parfois recours au condominium ou à la déclaration de neutralité du territoire en litige.

## § 34. — Limitations de la souveraineté territoriale.

Pour exprimer l'idée que chaque État est libre de disposer de son territoire selon sa volonté et sans avoir à s'inquiéter des intérêts des autres puissances, on se sert de l'expression de propriété internationale. Ainsi, par propriété internationale, on doit entendre le droit exclusif d'un État sur une partie de la terre, droit qui est reconnu par tous les États policés du monde.

Il va sans dire que, même envers l'étranger, l'État jouit de la qualité de personne civile en tant que fisc. Dans les opérations qu'il fait avec les autres États et qui se rapportent à des objets de commerce ou à des échanges ayant un caractère commercial, il faut lui appliquer les règles du droit privé. Il n'y a qu'une seule exception à ce principe. Toutes les acquisitions faites sur l'ennemi en temps de guerre sont régies par des règles particulières.

La propriété internationale peut recevoir certaines limitations. Celles-ci peuvent résulter, soit des rapports de voisinage, soit des exigences provenant de l'état de société dans lequel vivent les nations, et qui ne saurait permettre des actes rendant la coexistence des États impossible. Enfin l'État lui-même peut aussi se les imposer volontairement au profit d'États étrangers.


## § 35. — Servitudes internationales.


Autrefois les droits souverains d'un État sur son territoire étaient limités par certaines restrictions qui, de nos jours, ne sont plus que rarement en usage. Nous voulons parler de l'hypothèque et de l'inféodation. Il n'était pas rare, en effet, dans les siècles précédents, qu'un État constituât, au profit d'une puissance étrangère, une hypothèque sur son territoire, et l'étranger acquérait ainsi un droit de possession sur certaines parties de ce territoire. L'inféodation était encore plus fréquente. Mais à l'époque actuelle, les servitudes internationales présentent seules un intérêt pratique. Les servitudes internationales consistent dans le droit accordé à une puissance étrangère de faire, sur le territoire d'un État, certains actes impliquant le droit de gouverner, ou d'exploiter certaines sources de richesse du pays. On peut donc parler dans ce sens de territoire dominant et de territoire servant. La servitude peut consister, soit dans l'obligation prise par un État de ne pas exercer un droit souverain, soit dans celle de souffrir sur son territoire l'exercice d'un droit souverain de la part d'un autre État. Il n'est pas sans importance de bien déterminer tout ce qui a rapport aux servitudes internationales. Avant tout il faut remarquer qu'en droit international la ligne de démarcation entre les servitudes et les obligations ne peut être établie sur les mêmes bases que dans le droit privé. En outre, la distinction entre les servitudes réelles et les servitudes personnelles n'existe pas ici. Jadis on admettait aussi que la situation géographique de deux États pouvait donner naissance à certaines servitudes. Mais il est plus juste de dire, que toute servitude internationale repose sur la volonté de l'État qui s'oblige.

Plusieurs servitudes internationales ne sont pas accordées en vue d'augmenter la puissance politique d'un État, mais pour assurer des avantages économiques aux sujets de cette puissance. C'est, il est vrai, toujours l'État lui-même qui acquiert la servitude, mais ce sont ses sujets qui l'exercent. Comme exemple d'une pareille servitude, nous pouvons citer le droit de pêche des Américains et des Français dans les eaux de Terre-Neuve. L'obligation de ne pas fortifier certains points du territoire près de la frontière, ou le droit de garnison concédé à une puissance étrangère sont, au contraire, des servitudes tendant à augmenter la puissance d'un État.

FRICKER, Vom Staatsgebiet, Tubingue, 1867 ; v. HOLTZENDORFF, Handbuch des Vœlkerrechts, II ; STŒRK, dans le Wœrterbuch des deutschen Verwaltungsrechts de STENGEL. Article : « Landesgrenzsachen : » BROCKHAUS dans le même ouvrage : Article : « Staatsservituten : »

## § 36. — Acquisition originaire du domaine international.

Les moyens d'acquérir la propriété internationale sont ou originaires ou dérivés. Quelques-uns de ces moyens ne peuvent être employés qu'en temps de paix, les autres seulement en temps de guerre. Le plus important d'entre ces derniers est la conquête. Cependant, dans ces derniers temps, on a contesté la légitimité d'une pareille acquisition. Parmi les moyens d'acquisition originaire, on compte la prescription acquisitive, qui repose sur la possession immémoriale et l'accession. Mais l'importance pratique de ces deux modes est presque nulle. Néanmoins, c'est une règle du droit des gens que les alluvions qui se produisent sur les rives d'un fleuve, sur les côtes de la mer ou à l'embouchure d'un fleuve appartiennent à l'État dont le territoire s'est ainsi accru. La même règle s'applique aux îles nées dans un fleuve ou dans les limites maritimes d'un État. Le mode d'acquisition qui joue le plus grand rôle au point de vue de l'extension territoriale des États modernes est, sans contredit, l'*occupation* de terres nouvellement découvertes. La formation des États du nouveau monde en Amérique et en Australie repose tout entière sur l'occupation, que l'on désigne aussi fréquemment par *droit de découverte*. D'ailleurs, l'occupation elle-même n'a plus la même valeur qu'elle avait autrefois. Peu à peu toutes les parties de la terre, dont on peut tirer parti et qui sont facilement accessibles du côté de la mer, ont passé dans les mains des puissances civilisées. On peut même dire que les nouvelles découvertes qu'il reste à faire ne présentent plus qu'un intérêt scientifique. Cependant, ce mode d'acquisition n'a pas perdu tout intérêt pratique. Ainsi l'occupation de l'île Périm, celle des îles de l'océan Pacifique, de l'île Bornéo, etc. se sont effectuées dans ces dernières années. Il y encore des parties de la terre qui sont désertes ou abandonnées. Dans l'avenir, il se peut qu'elles acquièrent quelque importance; mais nous ne saurions prévoir dès à présent le but auquel on pourra les faire servir. L'occupation, pour être valable, doit être effectuée conformément à certaines conditions prescrites par le droit des gens. Ainsi il faut :

1° Que le territoire occupé ne soit pas habité par une population formant une société politique. Rien n'empêche donc d'occuper des îles habitées par des peuplades sauvages ou même, d'une manière passagère, par des Européens qui ont quitté leur patrie en renonçant à leur nationalité. — Il faut en outre :

2° Une prise de possession et des mesures propres à établir la domination de l'État sur ces nouveaux pays.

Aussi, pour qu'il y ait occupation, il ne suffit pas que l'équipage d'un vaisseau de guerre aborde une rive inconnue et se rembarque ensuite en laissant après lui quelque signe de sa présence.

3° Enfin il est nécessaire que l'État ait autorisé ou ratifié la prise de possession faite en son nom.

L'ancienne théorie avait donné lieu à un grand nombre de controverses. Nous n'en citerons qu'une seule à titre d'exemple. Quelle est l'étendue de territoire qu'un État peut occuper à l'exclusion des autres puissances en fondant des établissements sur quelques parties seulement de la côte d'une vaste contrée ?

(S. — Une grande partie des controverses relatives au droit d'occupation a été tranchée par l'acte général de la conférence africaine de Berlin (26 février 1885), acte auquel ont adhéré toutes les puissances maritimes du monde. D'après l'article 34 : « la puissance qui dorénavant prendra possession d'un territoire sur les côtes du continent africain situé en dehors de ses possessions actuelles, ou qui, n'en ayant pas eu jusque-là, viendrait à en acquérir, et de même, la puissance qui y assumera un protectorat, accompagnera l'acte respectif d'une notification adressée aux autres puissances signataires de l'acte, afin de les mettre à même de faire valoir, s'il y a lieu, leurs réclamations. » Cependant, l'acquisition de la souveraineté sur les territoires occupés ne dépend pas de cette notification. En négligeant cette formalité, l'État occupant permet seulement aux autres pays de croire qu'il n'y a pas eu prise de possession effective.

Par l'article 35 de l'acte, les puissances signataires

se sont, en outre, obligées « d'assurer, dans les territoires occupés par elles sur les côtes du continent africain, l'existence d'une autorité suffisante pour faire respecter les droits acquis et, le cas échéant, la liberté du
commerce et du transit dans les conditions où elle serait stipulée ».

Ces principes destinés à rendre les nouvelles occupations effectives et publiques ne s'appliquent, il est vrai,
qu'aux côtes du continent africain. Mais ils ne peuvent
manquer d'exercer une influence générale, car ils sont,
au plus haut point, favorables au développement et à la
consolidation du droit d'occupation international.)

S. — V. Holtzendorff, dans le Handbuch des Vœlkerrechts, II, § 53
et s. ; Heffter-Geffcken, Le droit international de l'Europe, § 60
et s. ; Bulmerincq, Vœlkerrecht, § 46 ; Rivier, Vœlkerrecht, § 16 et
s.; Heimburger, Der Erwerb der Gebietshoheit, I, 1888 ; Catellani,
Le colonie et la conferenza di Berlino ; Calvo, Droit international,
§ 263 et ss. ; Martens-Bergbohm, Vœlkerrecht, I, § 90 et ss. ; Salo-
mon, L'occupation des territoires sans maîtres ; v. Stengel, Die
staats und vœlkerrechtliche Stellung der deutschen Kolonien,
1886 ; Le même, Deutsches Kolonialstaatsrecht, dans les Annales
de Hirth, 1887 ; Laband, Staatsrecht des deutschen Reichs, 2e édit.
v. I, (Anhang) p. 774 et s.; G. Meyer, Die staatsrechtliche Stellung
der deutschen Schutzgebiete, 1888 ; Bornhak, Die Anfænge des
deutschen Kolonialstaatsrechts, dans l'Archiv für œffentliches
Recht, II.

## § 37. — Acquisition dérivée du domaine de l'État.

La plupart des lois constitutives des États modernes
imposent des restrictions considérables à l'aliénation du

domaine international, mais elles ne la défendent pas
d'une manière absolue.

Toute aliénation, soit volontaire, soit forcée, d'une
partie du territoire est qualifiée de cession. Les causes
de cette cession sont multiples. Elle peut avoir lieu à la
suite d'une vente, d'un échange, d'une donation, d'une
succession (pourvu toutefois que la constitution autorise le partage du territoire entre les héritiers d'un
prince), ou d'un traité de paix. Les personnes revêtues
du pouvoir public dans un État ont des obligations juridiques envers le peuple qu'elles gouvernent. C'est là
un principe qui prend de plus en plus racine dans le
droit constitutionnel moderne et qui a donné naissance
à la question suivante : une cession de territoire est-elle
possible sans l'assentiment des populations intéressées?
Il est certain que, dans la plupart des cas, la représentation populaire doit donner son consentement pour que
les frontières de l'État soient modifiées. Mais c'est à tort
que quelques publicistes veulent faire consacrer par le
suffrage des populations la cession du territoire qu'elles
habitent. Ni le traité de Francfort de 1871 ni celui de
Berlin 1878 n'ont exigé l'application d'une telle mesure.
La cession peut avoir lieu : 1° avec le consentement des
autorités souveraines des deux pays et avec celui des
populations.

2° Avec la volonté d'une population révoltée, mais
sans le consentement du gouvernement légitime.

3° Avec le consentement des deux autorités suprêmes
intéressées, mais sans le consentement, ou même contre
la volonté des habitants du territoire cédé. — L'histoire

nous offre des exemples de tous ces cas de cession. Au point de vue du droit des gens la volonté du pouvoir suprême fait seule loi. — La déclaration de cession est ordinairement suivie d'une déclaration de prise de possession de la part de l'État qui acquiert, ou bien d'une loi qui prononce la nouvelle cession. D'ailleurs, il est évident que les tierces puissances peuvent réclamer contre une cession qui menacerait leur sécurité extérieure. C'est ce qui arriva dans l'affaire du Luxembourg.

STŒRK, Option und Plebiscit bei Eroberungen und Gebietscessionen, 1879 ; v. BAR, Internationales Privatrecht, 2e éd., I, § 76 et s. ; ORTOLAN, Des moyens d'acquérir le domaine international, 1851 ; A. DEL BON, Saggio sulla proprieta territoriale delle nazioni, 1867; v. HOLTZENDORFF, Eroberungen und Eroberungsrecht, 1872 ; LE MÊME dans le Handbuch des Vœlkerrechts, II, § 57 et s. ; TARTARIN, Traité de l'occupation, 1873 ; LITTA, L'occupazione, suo concetto e suoi effetti sulle proprietà pubbliche e private nella guerra continentale, Milano, 1881.

## § 38. — La haute mer.

Dans les anciens temps, c'est surtout la mer qui séparait, qui isolait les différents peuples. De nos jours, grâce à la révolution opérée dans la science nautique, c'est la mer, au contraire, qui facilite les relations entre les peuples.

La mer peut-elle appartenir à un seul peuple ? Cette question a été des siècles durant une source de discorde et d'inimitié entre les nations. Plusieurs peuples maritimes ont élevé dans l'antiquité et dans le moyen-âge des prétentions exorbitantes et arbitraires sur la propriété des mers qui baignaient leurs côtes. Mais à partir du XVII<sup>e</sup> siècle il se produisit un revirement complet dans les principes qui doivent dominer cette matière. La mer fut proclamée libre et ouverte à la navigation et au commerce de toutes les nations. Aucun État ne peut être privé du droit de se servir des voies maritimes. Accessible à tous, assez vaste pour satisfaire aux besoins de tous, trop vaste pour être soumise à l'empire d'un peuple, la mer doit rester libre pour toutes les nations. La terre ferme peut être considérée comme la base de la formation des nations en États, car elle semble assigner à chaque nation le territoire qui doit être le sien. La mer au contraire apparaît comme la révélation géographique de l'idée de la communauté des peuples.

Mais on n'a pas résolu le problème en proclamant qu'aucune nation ne doit être exclue de l'usage de la mer. Ce n'est là que le point de départ. Sur ce principe il faut établir les règles positives qui doivent assurer à toutes les nations l'usage libre de la mer. Ainsi que nous l'avons dit, deux idées fondamentales dominent tout le droit des gens. L'idée de l'État et l'idée d'humanité. La première s'oppose à tout droit de juridiction qu'une nation voudrait s'arroger sur les bâtiments d'une autre nation en dehors de ses eaux territoriales. Une prérogative telle serait une atteinte portée à la souveraineté et à l'indépendance des États, car les navires d'une nation sont considérés comme des portions de son territoire. L'idée d'humanité exige que chaque État veille à ce que son pavillon ne serve pas à couvrir des actes préjudiciables aux intérêts des autres peuples et qu'elle assume la responsabilité pour les infractions que ses sujets pourraient commettre sur la haute mer contre la liberté de la navigation. — La défense que le droit des gens fait aux États d'exercer des droits de juridiction sur les bâtiments étrangers, l'obligation que ce même droit impose à toute nation de réprimer les abus dont ses sujets se seraient rendus coupables sur mer, ont donné naissance aux principes suivants : Les États seuls sont les sujets du droit de la libre navigation et non pas les individus. Tous les navires marchands doivent porter pavillon pour faire connaître qu'ils appartiennent à une nation et quelle est cette nation. Il serait, en effet, impossible de maintenir l'ordre sur la haute mer et de combattre victorieusement la piraterie, si les États étaient obligés de respecter tout navire voguant en pleine mer, alors même qu'il n'appartiendrait à aucune nation. Enfin chaque État est obligé d'édicter les lois nécessaires pour permettre à toutes les nations de se servir en paix des voies de communication maritimes. La pratique des États a établi, dans le cours des siècles, certaines règles dont l'observation a été reconnue indispensable aux relations pacifiques des nations, et qui sont même passées, en grande partie, dans la législation des États civilisés. Mais ces règles portent encore la marque du soin jaloux avec lequel chaque nation cherchait à satisfaire ses intérêts aux dépens des autres États, même aux dépens de la justice et de l'idée de la communauté des peuples. Il est à désirer que les différents États, mettant à profit l'expérience acquise, fixent enfin, par une entente commune, les principes que chacun d'eux serait tenu d'observer, et entreprennent, en commun, l'exécution de certaines œuvres destinées à assurer la sécurité de la navigation sur les mers que les navires parcourent le plus fréquemment. Mais cette tâche est loin d'être accomplie. Des entreprises, intéressant au plus haut degré le commerce international et les relations pacifiques des nations entre elles, attendent encore une protection qui leur fait défaut. Nous citerons, à titre d'exemple, les câbles sous-marins qui certainement doivent être mis à l'abri de toute détérioration arbitraire. (S. Cette lacune a déjà été comblée par la convention de Paris du 14 mars 1884 concernant la protection des câbles sous-marins.) On peut aussi se demander si la pêche sur la haute mer ou la pêche des phoques ne devraient pas être protégées par des règles établies dans l'intérêt commun de tous les pays.

BIBLIOGRAPHIE. — STŒRK, dans le Handbuch de Holtzendorff, II, 480 et s.; GAREIS, dans le même ouvrage, II, 551 et s.; AZUNI, Sistema universale dei principj del diritto marittimo dell' Europa, 2 vol. 1796 ; RAU, Grundsætze des Vœlkerrechts, 1802 ; TH. ORTOLAN, Règles internationales et diplomatie de la mer, 2e édition, 1853 ; JACOBSON, Seerecht des Krieges und des Friedens in Bezug auf die Kauffahrteischiffahrt, 1851 ; v. KALTENBORN, Grundsætze des europæischen praktischen Seerechts, besonders im Privatverkehr, 1851 ; R. G. PHILIPSON, Over den volkenregtelijken regel : Schip is territoir, 1854 ; H. BISCHOF, Grundriss eines positiven œffentlichen internationalen Seerechts, 1868 ; W. DE BURG, The elements of maritime international Law, 1868 ; PLOCQUE, De la mer et de la navigation maritime, 1870 ; P. D. FISCHER, Die Telegraphie und das Vœlkerrecht, 1876 ; DAHLGREN, Maritime International Law, Boston, 1877 ; F. PERELS, Das internationale œffentliche Seerecht der Gegenwart, 1882.

De nos jours, le principe de la liberté des mers ne fait
plus l'ombre d'un doute. Mais certaines portions de la
mer sont soumises à la souveraineté des États. Ainsi,
c'est un principe universellement reconnu que les côtes
et les eaux qui les baignent ou eaux territoriales font
partie du domaine de l'État. On s'est demandé seulement jusqu'à quelle distance s'étendait ce droit. Plusieurs solutions ont été déjà proposées, mais on s'est
décidé enfin à fixer l'extrême limite de la mer territoriale d'après la distance où des canons, placés sur le ri-
vage, pourraient envoyer leurs projectiles. Cependant
les Anglais et les Américains ne veulent pas s'en tenir
à cette ligne qui comprend ordinairement trois milles
marins. Ils prétendent que les marchandises étrangères
doivent payer des droits de douane et être soumises à
la surveillance des employés de la douane, même lorsqu'elles sont embarquées à une distance dépassant la
portée du canon. La limite des eaux territoriales a été
fixée d'après la portée des anciens canons. Les canons
ayant aujourd'hui une portée plus grande, on peut se
demander si la limite des eaux territoriales sera également reculée à l'avenir. Cette question n'a pas encore
été débattue et on ne saurait donner, dès à présent, une
décision définitive. D'ailleurs le seul intérêt important

qu'un État puisse avoir en temps de paix à une telle extension, c'est d'acquérir le droit d'interdire aux étrangers le droit de pêche dans les eaux territoriales. Quelques nations ont cherché, même dans les derniers temps, à étendre les limites de leur domination sur la mer. Les prétentions élevées par la Russie sur la propriété des portions de la mer qui se trouvent entre Kamtchatka et les possessions qui appartenaient autrefois aux Russes et aux Américains, nous offrent un exemple récent de ces vues ambitieuses. Les ports et les baies sont également la propriété des États contigus. Mais à vrai dire, l'expression de droit de propriété est impropre pour désigner un droit sur un élément qui se trouve dans un mouvement perpétuel. Le cas de baies dont l'ouverture sur la mer est très large donne aussi lieu à des doutes. Doit-on, en effet, compter ces baies parmi les eaux territoriales ou bien faut-il admettre qu'elles font partie de la haute mer ? Les mers fermées ou mers intérieures (Eigentumsmeere), par exemple la mer d'Azof, sont régies par des lois spéciales. On entend par mer intérieure une mer enclavée en totalité dans les limites territoriales d'un État qui en commande l'accès. Cet État possède des droits de souveraineté sur la mer intérieure. Les États que baigne la mer Baltique ont essayé de proclamer cette mer, mer territoriale, mais ils ont échoué dans leurs prétentions. Les règles applicables aux détroits ont aussi donné lieu à des controverses nombreuses. D'ailleurs, il serait impossible d'établir une règle absolue pour tous les détroits ; il faut tenir compte de la situation particulière dans laquelle ils peuvent être placés. Ainsi les deux côtés du détroit peuvent n'appartenir à aucune puissance. Dans ce cas la navigation y est aussi libre que sur l'Océan. Une occupation postérieure du territoire avoisinant ne saurait apporter quelque restriction à cette liberté. (Détroit de Magellan.) Ou bien les deux côtés du détroit peuvent être soumis à la souveraineté territoriale de deux ou de plusieurs puissances. Comme exemple nous citerons le Sund. Le péage que le Danemark perçut, pendant des siècles et contre tous les usages reçus, sur les navires qui traversaient ce détroit a été aboli en 1857. Ou bien encore un seul État est maître des deux côtés d'un détroit. Dans ce cas c'est un point admis que l'entrée du détroit peut être interdite aux vaisseaux de guerre étrangers. De même il est hors de doute que l'on peut défendre à ces navires l'entrée d'un canal interocéanique comme le canal de Suez. Les Dardanelles et le Bosphore ont eu, de tous temps, une importance considérable dans l'histoire de l'Europe. Même en temps de paix, ils sont fermés à tous les bâtiments de guerre, et des raisons de courtoisie peuvent seules décider le sultan à faire une exception en faveur d'une puissance étrangère. Les considérations qui ont motivé ces dispositions déterminèrent aussi les puissances signataires du traité de Paris à déclarer neutre la mer Noire. Mais, en 1870, la Russie s'est dégagée de l'obligation de respecter cette neutralité. Au point de vue du droit international on ne peut certainement rien trouver à redire à ces décisions prises dans l'intérêt de la paix.

- S. — Stœrk dans le Handbuch des Vœlkerrechts, II, §§ 83-91.

Le même, Jurisdiktion in Küstengewæssern (dans les Mitteilungen
aus dem Gebiete des Seewesens, vol. IV) ; Perels, Internationales
Seerecht, § 5 et s. ; Rivier, Droit des gens, § 14 et s. ; Travers-Twiss,
Territorial waters, dans le Nautical Magazine, 1878 ; Renault, De
l'exercice de juridiction criminelle dans la mer territoriale, dans
le Journal du droit international privé, VI, 217.

## § 40. — Les cours d'eau et les fleuves navigables.

Si l'on admet que les baies et les ports sont soumis
à la puissance de l'État, on doit admettre, à plus forte
raison, que la souveraineté d'un État s'étend sur les
fleuves qui traversent son territoire. S'agit-il d'un fleuve
qui prend sa source et a son embouchure sur le territoire d'un seul État, on reconnaît, en général, que les
nations étrangères n'ont aucun droit à l'usage de ces
cours d'eau. Mais les principes applicables aux fleuves
qui traversent plusieurs États, tels que le Rhin ou l'Es-
caut, ont fait, surtout dans les siècles précédents, l'objet
de polémiques ardentes. Comme dans toutes les controverses du droit des gens, la réponse sera nécessairement différente, selon que l'on se laisse guider dans son
jugement par l'intérêt étroit des nationalités ou par les
intérêts supérieurs du genre humain tout entier. Nous
n'entreprendrons pas l'énumération des raisons que l'on
a fait valoir de part et d'autre. Ce qu'il y a de certain,
c'est que la théorie de la liberté l'a emporté. L'acte final
du congrès de Vienne de 1815 proclama la liberté de la
navigation sur tous les fleuves qui séparent ou traver-

sent plusieurs États, depuis l'endroit où ils deviennent navigables jusque dans la mer, et les mêmes principes s'appliquent aussi aux embranchements de ces fleuves. Le traité de Paris de 1856 a stipulé que les règles établies par le Congrès de Vienne seraient appliquées à l'avenir au Danube, et le traité de Berlin confirma cette déclaration. Mais ces grands traités ne constituent pas la source unique du droit fluvial de l'Europe. Les États riverains des fleuves internationaux ont conclu entre eux des conventions spéciales réglant pour chaque fleuve l'application des principes généraux que nous venons d'exposer. Quelques États de l'Amérique ont aussi adopté ces principes. D'autres, au contraire, refusent encore de s'y conformer. Ainsi, le Brésil et la République Argentine ont proclamé solennellement la liberté de la navigation sur le fleuve des Amazones et sur le Rio de la Plata. Mais le Saint-Laurent reste toujours fermé au commerce des nations étrangères. Le droit de naviguer librement sur ce fleuve, que les États-Unis de l'Amérique obtenaient par le traité de Washington, n'était accordé que d'une manière provisoire.

Malgré tous les progrès qui ont été effectués sous le rapport de la liberté de la navigation fluviale, il subsiste encore plusieurs points obscurs qui ne disparaîtront qu'avec le moment où, non seulement les fleuves internationaux, mais aussi les fleuves navigables qui traversent un seul pays seront ouverts à toutes les nations. Cependant, il est bien entendu que cette liberté de la navigation ne saurait priver les États riverains du droit de prendre toutes les mesures stratégiques que la

défense du pays exigerait, et de sauvegarder leurs intérêts douaniers. (S. Les actes de navigation du Congo et
du Niger, élaborés par la Conférence de Berlin (1885),
sont basés sur les principes contenus dans les articles
108-116 de l'acte final du Congrès de Vienne.)

Sans contredit, le principe de la liberté de la navigation fluviale est un des principes les plus importants du
droit des gens. Il ne faut pas, cependant, identifier entièrement cette liberté avec celle de la navigation sur la
haute mer. Il y a entre les deux cette distinction très
grande que l'État riverain conserve toujours son droit
de juridiction et qu'il peut user du droit de visite dans
le cas où il aurait de bonnes raisons de croire qu'une
infraction à la loi criminelle a été commise à bord de
quelque navire. Toutefois cette règle n'exclut pas la pos-
sibilité de former des tribunaux mixtes, composés de représentants de tous les États riverains, pour veiller au
maintien de l'ordre sur tout le parcours du fleuve.

CARATHÉODORY dans le Handbuch des Vœlkerrechts de Holtzendorff, II, § 62 et s. ; LE MÊME, Du droit international concernant les
grands cours d'eau, 1861. — Revidierte Rheinschiffahrtsakte du
17 octobre 1868. — RIVIER, Vœlkerrecht, § 17 et s. ; Acte public
relatif à la navigation des embouchures du Danube, 1865, 2 novembre; PIERANTONI, I flumi e la convenzione internazionale di
Mannheim; 1870; E. ENGELHARD, Du régime conventionnel des
fleuves, 1870 ; LE MÊME dans la Revue de droit international, XI,
363.

## IV. — LES TRAITÉS INTERNATIONAUX

### § 41. — Nature et caractère des traités publics.

Seuls les États souverains ont le droit absolu de contracter des obligations envers l'étranger. Quant aux
États mi-souverains, ils ne peuvent exercer ce droit que
dans certaines limites. Parfois la capacité de contracter est accordée même à des chefs de tribus. Les conditions essentielles à la validité d'un traité public sont :
l'indépendance des parties contractantes, la capacité
des personnes qui agissent au nom de l'État, et enfin
un objet qui ne soit pas en dehors du commerce international. Certaines dispositions concernant le droit des
obligations sont les mêmes dans le droit privé et dans
le droit des gens. Telles sont les règles sur la liberté des
parties contractantes, sur l'accord qui doit exister entre
les parties pour que le contrat soit valable et sur la
manière dont les actes juridiques doivent être interpré-
tés. Mais l'analogie ne s'arrête pas là. Ainsi, les conditions et les obligations qui violent les préceptes de la
morale sont aussi peu admises par le droit des gens
que par le droit privé ; avec la différence, toutefois,

qu'en droit international on entend principalement par
acte immoral celui qui blesse l'idée d'humanité. L'ordre de choses établi dans l'intérêt général ne saurait
non plus être modifié par des conventions particulières.
C'est pourquoi les États doivent respecter, dans leurs
traités, les principes déjà admis par le droit des gens
comme indispensables au maintien de la paix et de la
justice dans la grande famille européenne. Cependant
il ne faut pas perdre de vue que le droit conventionnel
ne lie que les parties contractantes et que chaque État
n'est obligé que dans la mesure des engagements qu'il
a pris. Aussi, tous les États ne sont-ils pas tenus de se
conformer à une règle établie par quelques-uns seulement d'entre eux, quand même ces derniers formeraient
la majorité des États existants. C'est là, on doit l'avouer,
un point faible du droit des gens. Il est vrai qu'un État
ne peut, ni ne doit reconnaître la juridiction des tribunaux d'une autre nation pour des questions qui intéressent uniquement son organisation intérieure ou qui touchent à son droit de conservation et de défense. Mais
jamais un État ne devrait pouvoir refuser, par caprice et
d'une manière arbitraire, de se soumettre à l'ensemble
des règles qui régissent le commerce international.
La question des soins que l'on doit accorder aux blessés
intéresse par exemple l'humanité tout entière. Presque
tous les États civilisés ont déclaré que les établissements, dans lesquels les soldats malades et blessés sont
soignés, doivent être considérés comme neutres et traités comme tels. Cette règle ne blesse les intérêts de
personne et aucun État ne devrait chercher à s'y sous-

traire. Si néanmoins certains États ne voulaient pas adhérer à une pareille convention, les puissances contractantes devraient les engager à le faire et au besoin le leur imposer. On n'aurait d'ailleurs pas besoin d'avoir recours à la guerre : il y a d'autres moyens moins violents pour atteindre le but. Ainsi la résistance d'un État serait bien vite vaincue si on l'empêchait d'entretenir des relations commerciales avec les autres peuples. D'un autre côté il ne faudrait pas toujours attendre l'assentiment de tous les États ou de la majorité d'entre eux pour réaliser de nouveaux progrès. Que les nations qui sont d'accord pour trouver l'application d'une règle utile et juste s'engagent entre elles à s'y conformer. Si leur appréciation a été bonne, les autres États ne tarderont pas à suivre leur exemple. Il est, en effet, à remarquer que tous les grands principes du droit des gens ont été introduits dans la pratique des États par suite de conventions conclues entre quelques puissances seulement.

Jusqu'ici nous n'avons rencontré aucune différence entre le droit des obligations du droit privé et le droit conventionnel du droit des gens ; il en existe cependant et de très considérables. Tout d'abord l'objet de l'obligation n'est pas le même dans ces deux branches du droit. A de rares exceptions près, l'objet des traités internationaux n'a pas de valeur vénale et, en cas de non observation du traité, il est extrêmement difficile de trouver un équivalent qui dédommage l'un des contractants du tort que l'autre partie lui fait subir en manquant à ses engagements. Si nous considérons ensuite

l'influence que les menaces ou la violence peuvent exercer sur les obligations qu'une personne a été forcée de
prendre, nous verrons qu'elle est tout autre dans le droit
privé que dans le droit des gens. Le droit privé ne reconnaît dans aucun cas la validité d'une obligation qui
a été imposée à une partie. Il en est autrement dans le
droit des gens. Les traités de paix, qui constituent les
traités les plus importants au point de vue du développement du droit des gens positif, sont toujours imposés
au vaincu par le vainqueur. La violence, pourvu qu'elle
soit juste, c'est-à-dire qu'elle soit le résultat de la guerre,
est donc parfaitement admise en droit international et
ne forme pas une cause de nullité des traités internationaux. Mais la violence n'est justifiée qu'en cas de guerre.
Si elle était exercée en temps de paix sur le représentant
d'une nation, pour lui faire signer une convention malgré lui, elle entraînerait la nullité de cette convention.

D'ailleurs, la ligne de démarcation entre les conventions privées et les traités publics n'est pas aussi aisée
à tirer qu'on serait tenté de le croire tout d'abord. L'ancienne théorie, sous l'empire des idées de la monarchie
absolue et ne se rendant pas exactement compte du
rôle du souverain dans l'État, avait établi une distinction tout à fait erronée. Elle divisait, en effet, les différents traités conclus par les princes en traités publics
personnels et en traités publics réels. Or les affaires
privées d'un souverain ne peuvent jamais former l'objet d'un traité public. Mais, là où la question devient
plus délicate, c'est lorsqu'un souverain qui a conclu des
traités publics vient à être renversé du trône. C'est ce

qui est arrivé, entre autres, au commencement de ce siècle par suite des nombreuses médiatisations qui ont suivi la dissolution de l'ancien empire germanique. On s'est demandé aussi si l'arrangement conclu entre la Prusse et l'ex-roi de Hanovre devait être considéré comme un traité public ou comme un traité privé.

La conclusion d'un traité suppose, en général, l'existence de l'état de paix. Mais le contraire pourrait aussi se produire et le contrat n'en serait pas moins valable pour avoir été conclu, en temps de guerre, entre deux belligérants. Il y a même des traités qui ne devront produire des effets que dans le cas où une guerre viendrait à éclater entre les parties contractantes.

### § 42. — Différentes sortes de traités.

Une classification des traités d'après certaines marques distinctives présente des difficultés considérables même dans le droit privé, et bien plus dans le droit international. Ce fut Grotius qui, le premier, établit une distinction entre les différents traités. Il distingua deux grandes catégories de conventions internationales. La première comprend les traités qui s'appuient sur la loi naturelle et qui ne contiennent que des dispositions conformes à cette loi. La seconde catégorie comprend des conventions qui créent certaines règles du droit des gens positif et qui viennent compléter ainsi les règles du droit naturel. Puffendorf adopta cette classification,

mais il crut devoir ajouter une troisième catégorie, celle
des traités qui sont destinés à préciser les différents
points contenus dans certains principes encore vagues
du droit des gens. La division des traités en traités régulateurs et en traités constitutifs, que quelques auteurs
modernes ont adoptée, est donc, au fond, la même que
celle de Grotius et de Puffendorf. Les traités régulateurs
sont, en effet, ceux qui règlent certaines dispositions
déjà existantes, et les traités constitutifs ceux qui donnent naissance à des obligations nouvelles. On a encore
distingué des contrats unilatéraux et des contrats bila-
téraux, selon que l'obligation de prester incombe seulement à l'une des parties ou aux deux parties contractantes. La durée que les différents traités doivent avoir
a été prise également comme base d'une classification.
Les partisans de cette méthode divisent tous les engagements contractés par les États entre eux en traités,
conventions et cartels. Les traités doivent produire des
effets durables. Les conventions, des effets passagers.
Parfois même, ces dernières ne sont conclues qu'en vue
d'un cas particulier. Quant aux cartels, ils ont un caractère mixte. Mais cette division ne nous permet pas
non plus de distinguer avec certitude les différentes
sortes de traités. La classification qui présenterait encore
le plus de clarté serait celle qui s'appuierait sur l'objet
des traités internationaux. On aurait ainsi une double
catégorie de traités. Les traités qui règlent des questions
intéressant uniquement les parties contractantes, et qui
contiennent des dispositions telles qu'on ne peut songer
à les étendre à des puissances tierces, formeraient la

première de ces catégories, dans laquelle il faudrait ranger, entre autres, les traités d'alliance et les traités de limites. La seconde catégorie devrait comprendre les traités qui ont pour objet un principe général du commerce international, soit qu'ils introduisent ce principe dans le droit des gens positif en le faisant adopter par les puissances signataires du traité comme une règle de conduite dans leurs relations internationales, soit qu'ils servent à régler dans tous les détails un principe déjà admis par le droit des gens positif. Tout État, ayant des intérêts analogues à ceux des puissances contractantes, pourra adopter, à son tour, les dispositions contenues dans ce traité. Comme exemple de traités de cette catégorie, nous pouvons citer les traités d'extradition et les traités conclus en vue de la protection de la propriété intellectuelle.

Quant aux effets que ces deux catégories de traités peuvent produire, ils sont absolument les mêmes, c'est-à-dire que les stipulations qu'elles renferment ne lient que les puissances contractantes. Cependant il y a entre ces deux catégories une différence très importante. En effet, le lien que les traités de la seconde catégorie créent entre les différents États qui y ont pris part, est si puissant, que chacun des contractants est obligé envers tous les autres, et qu'une violation du principe réglé par ce traité n'atteint pas seulement la nation lésée mais toutes les puissances signataires du traité.

§ 43. — **La perfection des traités publics.**

La perfection de ces traités présente des particularités,
en ce sens que l'on discute depuis longtemps déjà sur
le point de savoir si le traité a besoin, pour être valable,
de recevoir la ratification, c'est-à-dire le consentement
exprès du souverain. On suppose, bien entendu, que la
ratification n'a pas été réservée dans le traité même et
que le mandataire n'a pas excédé ses instructions. Autrefois on était d'avis que la perfection des traités devait
dater du moment où ils étaient signés par les ministres
munis des pouvoirs nécessaires. Quelques auteurs ap-
portèrent par la suite une certaine confusion dans la
matière en voulant prendre aussi en considération les
instructions secrètes que le ministre pourrait avoir re-
çues. D'après l'opinion qui a prévalu de nos jours, le
contrat n'est parfait qu'à partir du moment où il a été
ratifié. En d'autres termes, la ratification est toujours
réservée. — L'extrême importance des traités publics
exige, d'ailleurs, que les États examinent avec le plus
grand soin les engagements qu'ils vont prendre, et la
théorie qui réserve toujours la ratification présente le
très grand avantage de rendre cet examen possible. Cependant il peut y avoir des exceptions à cette règle.
Ainsi, la ratification n'est jamais réservée quand il s'agit
de traités qui sont destinés à produire des effets immédiats et que les États voudraient voir entrer tout de

suite en vigueur. Tels sont, entre autres, les traités faits par des belligérants pour régler des besoins du moment. Toutes ces conventions sont parfaites dès l'instant qu'elles ont été signées et, si les parties veulent réserver la ratification, il faut qu'elles le déclarent lors de la conclusion du traité.

## § 44. — Sûretés données pour l'observation des traités.

Moins le pouvoir judiciaire est en état d'assurer l'exécution des traités privés et plus les parties contractantes cherchent des mesures capables de rendre cette exécution possible. Le gage, les cautions, la prestation réciproque immédiate, l'échange sans crédit, sont autant de moyens pour atteindre à ce but. — Pour les traités publics, la difficulté est encore plus grande, car les moyens judiciaires font entièrement défaut. Chaque État ne peut compter que sur la bonne volonté de l'autre ou sur sa propre force pour obtenir l'exécution des engagements imposés par le traité. Mais c'est surtout en fortifiant les idées morales des nations et en tenant compte des intérêts respectifs des deux parties contractantes, que l'on arrive le plus sûrement à faire respecter les clauses des traités publics. Ce qui le prouve, c'est que l'on a abandonné peu à peu les moyens auxquels on avait autrefois recours. C'est ainsi que l'on a renoncé maintenant à la formalité du serment qui, déjà au moyen âge, était tombée en discrédit par suite des dispenses accordées par le pape. Les formules solennelles que l'on met encore en tête des traités de paix (Au nom de la très sainte et indivisible Trinité, au nom du Dieu Tout-Puissant) sont le seul vestige qui reste de cette formalité du serment. — La coutume qu'avaient les anciens de prendre des otages, soit de force, soit avec le consentement de l'autre État, et de les garder jusqu'à ce que les engagements contractés aient été exécutés, ou de les tuer en cas de non-exécution, a également disparu de nos mœurs. D'ailleurs, les idées modernes ne permettraient dans aucun cas de mettre à mort les otages ; et, cette mesure écartée, le moyen n'aurait plus aucune efficacité. Tout au plus pourrait-on encore s'en servir à l'égard des peuples à moitié sauvages ou barbares. Le droit que le vainqueur se réserve souvent dans les traités de paix, d'occuper le territoire de l'État vaincu jusqu'au paiement complet des frais de guerre, doit aussi être considéré comme un des moyens employés pour donner aux conventions internationales plus de force et de solidité.

## § 45. — Des traités de garantie.

Le mode de sanction des traités, le plus usité de nos jours, c'est la garantie. Elle ne peut être constituée que par un traité spécial. L'État qui se porte garant pour un autre État s'oblige, comme la caution du droit privé, à intervenir avec tous les moyens dont il dispose, pour assurer l'observation du traité public. Un État peut garantir:

Soit l'exécution d'une obligation contractée par un autre État, par exemple, le remboursement d'un emprunt;

Soit l'intégrité territoriale d'un État qu'il s'engage à défendre contre les attaques et les convoitises des autres puissances. — C'est précisément ce dernier cas qui fait toute l'originalité de la garantie du droit des gens. — Le garant prend l'obligation de maintenir un état de choses qui, peut-être, n'est même pas discuté. Au besoin, il doit user de toute sa puissance pour prévenir ou pour écarter le danger. Mais il ne peut intervenir sans être appelé. Même si des modifications survenaient dans la situation juridique sur laquelle il est chargé de veiller, il devra attendre que l'on réclame son intervention. Il en est de même de la fonction d'arbitre que l'État garant ne peut exercer que dans le cas où les parties invoqueraient son arbitrage. — Mais d'un autre côté il n'est pas forcé d'intervenir si son aide n'a pas été réclamée à temps, et si, par suite de ce retard, le danger ne peut plus être conjuré. La protection que le suzerain assure à l'État mi-souverain qui est placé sous sa suzeraineté repose aussi sur le besoin de garantir l'intégrité territoriale de certains pays. — Il faut reconnaître que souvent les traités de garantie présentent de graves inconvénients. Ainsi le garant qui serait trop consciencieux pourrait être entraîné dans une guerre par l'État qu'il protège, ou bien il pourrait encore arriver que l'État qui s'est porté garant, guidé par ses propres intérêts, refusât d'intervenir dans une circonstance où son action serait nécessaire.

La garantie collective constitue une forme particulière de garantie. Elle a pour but d'assurer la neutralité de certains États et en conséquence leur souveraineté extérieure. — On se demande seulement si, en cas de garantie collective, chaque État est obligé d'intervenir seul pour sauvegarder l'existence du pays protégé, ou si tous les États garants doivent agir en commun. Cette question a été débattue au Parlement anglais au sujet de l'affaire du Grand-Duché de Luxembourg, mais elle n'a pas reçu de solution définitive. — Dans un certain sens, on peut aussi considérer comme un moyen d'assurer l'exécution des traités le soin que prennent parfois deux parties contractantes de décider, lors de la conclusion d'un traité, que toutes les difficultés qui pourraient surgir entre elles concernant l'interprétation du traité, seraient soumises à la décision d'un arbitre impartial. Des clauses de ce genre, que l'on appelle clauses arbitrales, ont été insérées dans plusieurs traités récents.


## § 46. — Extinction des traités publics.


Avant tout il est évident que le consentement mutuel des parties contractantes, qui a donné naissance au traité, peut aussi être la cause de la résiliation. — C'est pourquoi il est nécessaire que tous les États qui ont pris part à la conclusion des grands traités collectifs donnent leur assentiment à toutes les modifications que l'on voudrait y apporter ultérieurement. En outre, les traités publics peuvent être attaqués pour toutes les raisons pour lesquelles on peut attaquer la validité des traités privés. Il faut cependant faire une exception pour la nullité d'un défaut dans la forme, car il n'y a ici aucune puissance capable de prescrire l'observation de formes obligatoires. Même la forme écrite, que l'on est cependant forcé d'employer presque toujours, n'est pas une condition essentielle de la validité des traités internationaux.

Au point de vue du droit international, certaines causes d'extinction des traités méritent seules une mention spéciale. Ce sont les causes suivantes :

1° *Extinction du traité par suite d'un changement important survenu dans les circonstances dans lesquelles il a été conclu.* Cette cause d'extinction est connue sous le nom de *clausula rebus sic stantibus*, et elle offre un prétexte que les États saisissaient autrefois avec empressement pour se dégager de leurs engagements. Ce changement devient une cause d'extinction lorsqu'une condition tacite, il est vrai, mais que les parties contractantes considéraient comme essentielle au maintien du traité, vient à faire défaut. Il en est de même dans le cas où des modifications profondes dans la situation politique de l'État rendent l'observation du traité impossible. Ces modifications équivalent à l'avènement d'une condition résolutoire et entraînent par conséquent l'extinction du traité. Peu importe d'ailleurs que les parties contractantes n'aient pas inséré cette condition dans le traité, car elle est nécessairement sous-entendue. Il n'est pas nécessaire, en effet, de faire, de tous les événements imprévus qui peuvent se produire dans la vie des peuples et qui viennent modifier si souvent les relations entre deux États, des conditions expresses de la validité d'un traité. Alors même que ces événements n'auraient pas revêtu la forme d'une condition, ils auraient néanmoins des conséquences identiques à celles d'une condition résolutoire.

2° *Inexécution du traité de la part de l'une des parties contractantes.* En droit privé on aura recours, dans ce cas, aux tribunaux pour faire reconnaître par l'autorité judiciaire l'obligation d'exécuter les engagements contractés et, au besoin, pour faire exécuter ces engagements par force. Mais, en droit international, cette sanction n'existe pas. L'emploi de la force consacrerait une injustice, car il ne saurait profiter qu'à l'État puissant et il mettrait l'État faible dans l'impossibilité de forcer aussi son adversaire à remplir ses engagements. Pour sauvegarder les droits d'un État faible, le seul moyen que l'on ait ici, c'est de lui permettre de dénoncer le contrat. Même dans les confédérations d'États, il faut accorder aux États qui ont à se plaindre de l'inexécution des traités le droit de se retirer de la confédération, à moins toutefois que l'on ne soit convenu, dès le début, de remettre à un tribunal ou à un arbitre le soin de trancher toutes les questions qui pourraient diviser les États confédérés. La simple déclaration, que la confédération doit avoir une existence durable, ne saurait, en effet, empêcher un État, dont on aurait violé les droits fondamentaux, de se séparer de ses anciens alliés. — Les conséquences de la violation d'un traité ne sont pas cependant les mêmes pour toutes les sortes de traités. Il faut établir une distinction entre les traités spéciaux conclus entre deux nations seulement et les traités généraux auxquels plusieurs nations ont pris part. La violation d'une seule clause du traité spécial autorise la nation lésée à dénoncer le traité ; autrement, chacune des parties contractantes pourrait éviter l'exécution des clauses qui lui sont onéreuses et ne conserver que celles qui sont à son avantage. Il n'en est pas de même pour les traités généraux qui consacrent un principe international, par exemple, la défense d'employer en cas de guerre certaines matières explosibles. La violation de ce principe de la part de l'une des parties contractantes n'atteint pas l'existence même du traité ; elle autorise seulement les signataires de ce traité à user de représailles envers la partie qui aurait manqué à ses engagements. Bien plus, certaines clauses d'un traité général peuvent avoir été abolies de fait, et cependant le traité peut conserver toute sa valeur pour les clauses que l'on a continué à respecter. C'est ainsi que, malgré le remaniement de la carte de l'Europe, qui a eu lieu depuis 1830, l'acte du congrès de Vienne est encore resté en vigueur.

3° *Déclaration de guerre.*

Il est impossible qu'une guerre n'exerce pas une influence considérable sur le droit conventionnel des deux

belligérants. Les traités qui ont été conclus précisément
en vue de la guerre, par exemple, ceux par lesquels
deux parties s'engagent à ne pas employer certains
moyens que le droit international autorise, conservent,
il est vrai, toute leur force. Mais les traités qui ont un
rapport juridique quelconque avec la cause qui a donné
lieu à la guerre, et surtout ceux qui ont été la cause
même de la guerre, deviennent lettre morte. Quant aux
traités qui contiennent des stipulations sur des prestations réciproques entre les belligérants, il n'est pas possible de les exécuter pendant le temps que dure la
guerre. Il faut donc que leurs effets soient tout au moins
suspendus. Mais on discute encore sur le point de savoir si la déclaration de guerre seule suffit pour mettre
fin au droit conventionnel des deux belligérants, et si
par conséquent une déclaration expresse dans le traité
de paix est nécessaire pour remettre en vigueur ce
droit, ou bien si la guerre met seulement chacune des
parties à même de dénoncer les traités qu'elle avait conclus avec l'adversaire.

S. — v. Holtzendorff, Handbuch des Vœlkerrechts, III (Les articles de Gessner, v. Melle, Geffcken, Meili, Dambach et Lammasch);
Laband, Staatsrecht des deutschen Reiches, 2e édition, I, 626 et s.;
Seligmann, Gesetz und Vertrag ; E. v. Meier, Uber den Abschluss
von Staatsvertraegen, 1874 ; Gorius, Vertragsrecht des deutschen
Reiches (dans les Annales de Hirth, 1875), p. 537 et s. ; Zorn, Die
deutschen Staatsvertraege (dans la Zeitschrift für die gesamten
Staatswissenschaften (Vol. XXXVI) ; Unger, Ueber die Gültigkeit
von Staatsvertraegen (dans la Zeitschrift de Grunhut, VI, 349);
Jellinek, Die rechtliche Natur der Staatenvertraege, 1880; M. Prœdst,
Die Lehre vom Abschluss vœlkerechtlicher Vertraege durch das
deutsche Reich und die Einzelstaaten des Reichs, 1882 ; Heffter-
Geffcken, Das europæische Vœlkerrecht, 7e édition, 1881, p. 75 et s.;

BLUNTSCHLI, Das moderne Vœlkerrecht, 2e édition, 1872, p. 250 et s. ; HARTMANN, Institutionen des praktischen Vœlkerrechts in Friedenszeiten, 1874, p. 207 et s. ; BULMERINCQ, Vœlkerrecht, § 50 et s. ; STŒRK dans le Wœrterbuch de STENGEL : « Staatsver-træge » ; BUONAMICI, Dei trattati internazionali, Pisa, 1878 ; TWISS, On the treaty-making power of the crown ; VATTEL, Droit des gens 1835, Vol. Ier, Livre II, § 26 et s. ; KLUBER, Droit des gens moderne de l'Europe, 2e édition, 1874, § 150 et s. ; CALVO, Le droit inter-national, I, 640 et s. ; WHEATON, Elements of international Law, 2e édition, 1880, p. 232 ; KENT, Commentaries on international Law, 1866, p. 119 et s. ; v. MARTENS-BERGBOHM, Vœlkerrecht, I, 390 et s. ; NIZZE, Das allgemeine Seerecht der civilisierten Nationen, I, 95 et s. (1851) ; v. KALTENBORN, Grundzüge des praktischen europæi-schen Seerechts, I, § 19 et s. (1857) ; PERELS, Das internationale œffentliche Seerecht der Gegenwart, 1882, p. 9 et s. ; TRONCI, Saggio filosofico giuridico sulle convenzione internazionali, 1864. — Treaties and conventions concluded between the United Staates of America and other Powers, Washington, 1873, p. 729 et ss.

## V. — LES MAGISTRATURES DU COMMERCE
INTERNATIONAL.


### § 47. — Le droit de légation dans les
temps modernes.


Le principe qui domine toute cette matière, c'est le
respect dû à la personne des envoyés étrangers. Ce n'est
pas seulement dans les temps modernes que ce principe
a été proclamé; il forme, tout au contraire, une des
plus anciennes manifestations de l'idée internationale.
L'inviolabilité des envoyés des puissances étrangères,
inspirée tout d'abord par la crainte religieuse, fut reconnue peu à peu comme une nécessité dictée par la justice
et élevée enfin au rang d'un des principes fondamentaux
du droit des gens.

Examiné au point de vue historique, le droit de légation peut être divisé en deux périodes bien distinctes.
La première comprend le temps des ambassades accidentelles, non permanentes, que nous rencontrons dans
l'antiquité et pendant le moyen âge jusqu'au XVe siècle.
La seconde période est celle des ambassades permanentes qui commencent à être instituées au XVe et au

XVI<sup>e</sup> siècle, et qui, à partir de la seconde moitié du XVII<sup>e</sup> siècle, deviennent la règle générale.

La cause qui a donné naissance au droit de légation est facile à comprendre. Cette cause a été l'impossibilité dans laquelle se trouvent les organes de la puissance publique, aussi bien dans les monarchies que dans les républiques, de traiter directement les questions de politique étrangère qui nécessitent un déplacement. Ni un monarque, dont la présence est indispensable au milieu de son peuple, ni une assemblée de représentants ne sauraient quitter le pays qu'ils ont mission de gouverner.

Les légations permanentes du siècle dernier nous montrent aussi le développement extraordinaire qu'ont pris les rapports internationaux. Les questions à débattre et à régler deviennent si multiples, que les grands États sont obligés d'entretenir à l'étranger un personnel nombreux d'ambassade. En outre, les ambassades permanentes ont servi à créer, grâce aux traditions qu'elles permettent de s'établir, une connaissance toute spéciale des formes à observer dans les relations internationales. Les principes qui régissent de nos jours le droit de légation consistent, soit en règles du droit des gens, en général, soit en règles du cérémonial qui s'est formé dans les cours des monarques. En effet, le droit de légation aussi bien que la diplomatie a été étroitement lié avec les combinaisons politiques des cabinets des princes.

Les envoyés d'une puissance sont considérés comme les représentants de leur souverain absent, et ils sont forcés, par la nature même des occupations qui leur incombent, de résider auprès des cours étrangères. D'ailleurs, le droit de légation n'a pas encore reçu une organisation définitive. Le principe de la division du travail nous permet de prévoir qu'il y aura ici aussi des modifications importantes. Déjà nous trouvons, à côté du personnel des ambassades, des personnes chargées de s'occuper de certains intérêts particuliers, de remplir certaines fonctions spéciales, par exemple, des attachés militaires, des syndics et des consultants versés dans la connaissance du droit des gens et de la législation étrangère. Quant au but de la diplomatie, il est de régler les questions juridiques existant d'État à État, de représenter les intérêts juridiques des nationaux vivant à l'étranger, d'entretenir des relations amicales entre deux nations en leur facilitant le moyen de se rendre mutuellement certains services et de se mieux connaître, de garder la dignité de l'État représenté, et enfin de servir d'intermédiaire pour l'échange des idées des deux gouvernements.

## § 48. — Droit d'envoyer ou de recevoir des agents diplomatiques.

Le droit d'envoyer des agents diplomatiques ou droit de légation actif, et le droit de recevoir de tels agents ou droit de légation passif, constituent un des attributs de la puissance souveraine. Ils découlent du droit fon-

damental de relations mutuelles qui n'aurait jamais
pu avoir toute l'importance qu'il a acquise, si le droit
de légation n'avait pas existé. Mais le droit de légation
est soumis à certaines restrictions qui découlent de la
nature même des choses. Ainsi, un État, qui aurait envoyé un ambassadeur auprès d'un gouvernement qui
exerce de fait le pouvoir dans un pays, ne saurait dé-
léguer, en même temps, un autre ambassadeur auprès
du prince illégalement dépossédé. Cependant, pendant
la guerre franco-allemande, il s'est produit un fait anor-
mal. Quelques puissances s'étaient fait représenter, non
seulement auprès du gouvernement qui se trouvait
dans Paris assiégé, mais encore auprès de la partie du
gouvernement qui s'était rendue à Tours et à Bordeaux.
A Rome, nous voyons deux représentants de la même
puissance accrédités auprès de deux souverains différents, mais qui résident dans la même ville. Chaque
État est entièrement libre dans le choix de ses ambassadeurs ; il peut nommer des savants, des femmes ou
des soldats. Ni la qualité, ni le sexe de l'ambassadeur
ne peuvent faire l'objet d'une objection de la part de
l'autre État. Les conditions qui peuvent être requises
pour qu'une personne soit revêtue de cette haute fonction, c'est-à-dire les prescriptions concernant l'instruction, les études préparatoires et la nomination d'un
ambassadeur font partie de la législation intérieure de
chaque pays et non pas du droit des gens. Ce droit ne
connaît aucune cause capable d'empêcher une personne
en possession de ces capacités naturelles de représenter
son gouvernement auprès d'une autre puissance. Néan-

moins on ne peut forcer le souverain d'un pays de recevoir toute personne qu'on lui enverrait comme ambassadeur. L'agent diplomatique, qui, à cause de sa situation particulière, ne pourrait pas entrer en rapports directs avec le souverain étranger, ne serait pas non plus en état de remplir sa mission d'une manière efficace. C'est pourquoi on a toujours accordé aux États le droit de ne pas accepter leurs nationaux comme représentants de puissances étrangères. Pour des raisons touchant à la sûreté de l'État, le droit des gens permet, en outre, de ne pas recevoir certains envoyés dont les pouvoirs par trop étendus pourraient susciter des conflits avec l'administration intérieure du pays. C'est ce qui est arrivé quelquefois avec les nonces du pape. De son côté le pape a refusé, dernièrement encore, d'admettre un cardinal en qualité de ministre étranger. En somme, on peut dire que, dans l'état actuel du droit des gens, un État ne saurait refuser d'une manière arbitraire de recevoir une ambassade permanente, comme Grotius le soutenait encore au milieu du dix-septième siècle. Les ambassades permanentes sont devenues, de nos jours, un élément tellement essentiel des relations pacifiques entre les États, que la rupture des relations diplomatiques est une preuve de contestations sérieuses, parfois même de l'approche de la guerre. Même deux nations animées l'une pour l'autre de sentiments hostiles entretiennent des relations diplomatiques. Une ambassade permanente constitue, pour ainsi dire, le symbole du respect que les nations se doivent entre elles, et elle a, de plus, -le grand avantage d'habituer les peuples qui ne jouissent pas encore de la civilisation européenne à entretenir des relations amicales avec les étrangers. C'est même cette raison qui a déterminé les puissances occidentales à imposer à la Chine des ambassadeurs permanents résidant à Pékin.

Il est d'usage, quand un nouvel agent diplomatique a été nommé, d'avoir recours à certaines formalités pour accréditer ce ministre auprès du gouvernement du pays dans lequel il doit remplir ses fonctions. Mais ces formalités ne sont pas toujours les mêmes. S'agit-il de négocier certaines affaires déterminées, par exemple, les bases sur lesquelles on pourra conclure un traité, on délivre à l'agent diplomatique un *plein pouvoir* qui indique l'objet et les limites de son mandat. S'agit-il, au contraire, non plus d'une mission spéciale, mais d'une mission générale, le souverain qui envoie le ministre lui donne une *lettre de créance* que celui-ci doit remettre personnellement au souverain du pays où il doit résider. Enfin, dans certains cas, il suffit d'une simple communication écrite entre les ministres des affaires étrangères. Cette dernière forme est surtout usitée dans le cas où l'on nomme, non pas un ambassadeur, mais un chargé d'affaires qui n'a pas à représenter la majesté de son pays, mais uniquement à prendre soin des affaires qui pourraient intéresser sa nation.

## § 49. — Le privilège de l'inviolabilité.

De tous les privilèges que le droit des gens revendique en faveur des agents diplomatiques, le plus important est, à coup sûr, celui de l'inviolabilité. Mis dans l'impossibilité de se défendre contre toute atteinte, même injuste, le ministre éprouverait la plus grande difficulté à remplir les fonctions qui lui sont confiées, si sa personne ne jouissait pas d'une protection toute spéciale. Les idées fondamentales de l'indépendance et de la dignité de l'État exigent, d'ailleurs aussi, que l'on accorde ce privilège aux représentants des États à l'étranger. L'inviolabilité protège le ministre non seulement contre les attaques des simples particuliers, mais encore contre celles du gouvernement. Aussi, dans le cas où le tort aurait été occasionné par une personne privée, il motiverait une sanction pénale ; mais, dans le cas où le gouvernement lui-même violerait ce privilège, il se rendrait coupable d'un délit du droit des gens et d'un délit qui atteindrait le monde civilisé tout entier. L'inviolabilité n'est du reste pas restreinte à la personne seule du ministre, elle s'étend aussi aux choses qui lui sont nécessaires pour remplir sa mission, telles que l'hôtel qu'il occupe, ses équipages, le mobilier de son hôtel, ses lettres et ses papiers.

## § 50. — Exterritorialité.

Ce privilège est étroitement lié avec celui de l'inviolabilité. A vrai dire, toute action en justice amènerait
une pression exercée sur la personne de l'agent diplomatique. Dans tous les cas, une action pénale n'est pas
conciliable avec la position occupée par un ministre
public, et elle doit être toujours considérée comme impossible. Cependant les jurisconsultes anglais hésitaient
encore au commencement du XVII<sup>e</sup> siècle à placer les
agents diplomatiques à l'abri de toute poursuite pénale,
et c'est seulement un siècle plus tard qu'un acte du
Parlement leur reconnut expressément ce privilège qui,
de nos jours, n'est plus contesté par personne. Quant à
l'action civile, comme elle n'aboutit pas nécessairement
à une contrainte exercée sur la personne du ministre,
elle peut soulever certains doutes, et on s'est demandé,
en effet, si c'est l'action même qui n'est pas permise ou
si c'est le jugement qu'on ne peut exécuter. De nos jours,
c'est l'opinion qui veut soustraire les agents diplomatiques à toute espèce de juridiction qui a prévalu. Cependant il y a deux exceptions à cette règle. La première comprend les actions que l'on doit porter devant
le tribunal du lieu où la chose est située, car la possession immobilière n'est jamais *extra territorium*. La seconde exception s'applique au cas d'une demande recon-
ventionnelle, lorsque c'est le ministre lui-même qui a

intenté une action devant un tribunal étranger. Dans ces deux cas, non seulement les agents diplomatiques, mais encore les souverains sont soumis à la juridiction du pays dans lequel ils se trouvent. On doit, en outre, admettre que le ministre a le droit de soumettre volontairement ses différends à un arbitre, dont il ne peut toutefois être forcé d'exécuter la décision. Cette opinion ne peut sans doute pas soulever d'objections, puisque les souverains eux-mêmes peuvent avoir recours à des arbitres.

L'idée fondamentale dans toute cette question, c'est que le ministre ne peut être obligé d'obéir aux décisions ou aux ordres d'une autorité publique étrangère, et qu'il ne peut être rendu responsable de son refus d'obéissance. C'est pour cette raison qu'on ne saurait forcer un ministre de comparaître en justice comme témoin ; tout au plus peut-on le prier de venir éclairer la justice. L'inviolabilité et l'exterritorialité ne constituent d'ailleurs pas des privilèges accordés uniquement à la personne du ministre, et auxquels il ait le droit de renoncer à son gré. Ces privilèges sont attachés au droit même de légation ; ils ont été établis dans l'intérêt du droit des gens et ils protègent le ministre en fonctions même contre sa volonté.

§ 51. — **Droits accessoires des ministres publics.**

Les ministres jouissent, en outre, de certains droits d'une importance moindre et que nous pouvons nommer, en conséquence, droits accessoires. Parmi ces droits il faut compter la liberté du culte privé, qui peut devenir nécessaire dans un pays où l'exercice d'un certain culte serait prohibé par les lois pénales. A vrai dire, cette immunité du ministre est une conséquence de l'inviolabilité dont il jouit; mais ici cette inviolabilité est plus étendue encore, car on permet au ministre de violer les lois du pays, ce qui, dans les autres cas, n'est pas admissible. D'habitude, on accorde aussi aux ministres, à titre de gracieuseté, certaines immunités qui ne sont nullement indispensables ou même nécessaires à l'exercice de leurs fonctions, et que chaque puissance peut par conséquent leur accorder ou leur retirer à son gré. Ainsi, on exempte les ministres de l'obligation de payer des droits d'entrée pour les produits qu'ils reçoivent de l'étranger, mais ils ont à payer les impôts pour les immeubles qu'ils pourraient posséder dans le pays dans lequel ils résident, ainsi que les taxes que l'on fait payer à tous pour l'entretien des routes, des ponts et chaussées ou des canaux. Quant au droit que l'on a parfois accordé aux ministres d'exercer la juridiction sur les personnes de leur suite, il ne repose sur aucun fondement solide, et il doit être considéré comme inadmissible. Aucun État n'est tenu à autoriser l'exercice d'un droit aussi exorbitant sur son territoire. Les pleins-pouvoirs qu'un gouvernement absolu pourrait donner à son représentant ne sauraient non plus mettre celui-ci à même de juger ses nationaux. Un traité peut seul statuer des exceptions. Toutefois, tous les ministres ont le droit de légaliser certains actes, et on leur permet aussi d'exercer la juridiction gracieuse.

## § 52. — Extension des privilèges des agents diplomatiques.

Le droit des gens moderne accorde le droit de l'exterritorialité non pas seulement au ministre, mais encore aux membres de sa famille qui habitent son hôtel, aux personnes de sa suite, à tout le personnel de la mission diplomatique, et même aux courriers chargés de porter les dépêches. Ces courriers sont, en outre, exemptés de la visite à la frontière, et ils peuvent même exiger, de toutes les administrations de l'État, qu'on leur facilite autant que possible les moyens de transport. C'est une question controversée que celle de savoir si des agents ou des commissaires ayant la mission spéciale de s'occuper de certains intérêts déterminés ont droit aux immunités diplomatiques. La situation des ministres en voyage, qui se trouvent sur le territoire d'un État auprès duquel ils ne sont pas accrédités, constitue également un point discuté depuis longtemps. Les uns veulent que les ministres soient traités dans ce pays de la même manière que dans le pays où ils doivent remplir leur mission ; les autres, au contraire, contestent la nécessité d'une pareille faveur. Mais si l'on prend en considération que tous les États civilisés ont un intérêt égal au maintien des règles qui assurent l'indépendance de leurs ministres publics, il faut reconnaître que même les envoyés en voyage, qui ne s'écartent pas de leur itinéraire régulier, doivent être placés dans une situation privilégiée. Des mesures de précaution nécessitées par des opérations de guerre justifieraient seules une exception à la règle de l'inviolabilité. Quant au principe de l'exterritorialité, il n'y a pas lieu de l'appliquer ici, car les personnes qui traversent un pays ne sont soumises qu'au *forum arresti*, et l'inviolabilité suffit donc pour les soustraire à toute espèce de juridiction. Dans le cas où la capitale d'un État serait assiégée, les représentants des États étrangers, qui s'y trouveraient encore, n'auraient aucun droit de demander à la puissance assiégeante qu'elle interrompît ses opérations militaires pour leur permettre de correspondre avec leur gouvernement. Tout au plus peuvent-ils exiger qu'on facilite leur départ.

Les privilèges des ministres publics commencent à partir du moment où ils ont mis le pied sur le territoire de l'État auprès duquel ils sont accrédités. Mais après le rappel du ministre ces immunités ne prennent fin qu'avec l'expiration du temps qui lui est nécessaire pour mettre en ordre toutes ses affaires personnelles.

§ 53. — Mesures de précaution contre l'abus
des privilèges des agents diplomatiques.

Les droits d'inviolabilité et d'exterritorialité dont
jouissent les ministres ne sauraient les soustraire entièrement aux lois du pays dans lequel ils résident. Non
seulement ces représentants doivent respecter ces lois
au même degré que les personnes qui habitent ce pays,
mais ils doivent encore éviter avec soin tout ce qui
pourrait troubler les bonnes relations entre deux nations amies. Ainsi, il est permis au représentant d'une
puissance de se servir même de moyens secrets, pour
obtenir tous les renseignements qu'il juge nécessaires
ou utiles à son gouvernement, mais il lui est absolument défendu d'avoir recours, pour atteindre ce but, à
des actes condamnés par les lois du pays étranger. De
même, il est hors de doute que les privilèges des ministres publics ne sauraient être étendus d'une manière
arbitraire à des personnes autres que celles qui sont
désignées par le droit des gens. En conséquence, un
criminel qui se serait réfugié dans l'hôtel d'une ambassade n'échapperait pas à l'action de la justice. Le ministre serait tenu de le livrer aux autorités publiques qui
le réclameraient, et, en cas de refus, l'autorité compé-
tente pourrait faire saisir le coupable dans l'ambassade
même, en prenant toutefois tous les ménagements possibles. En somme, le représentant d'un État étranger

devra toujours se tenir dans les limites de la légalité ; s'il les dépasse, s'il abuse des privilèges qui lui sont accordés, l'État dont les lois auraient été violées pourra prendre contre le ministre toutes les mesures nécessaires au maintien de l'ordre sur son territoire. Ce droit, on ne saurait le lui refuser sous aucun prétexte, car il se trouve dans le cas de légitime défense. Mais, si l'État lésé a le droit de se défendre, il n'a pas celui de punir le représentant d'un État étranger. Si celui-ci a commis un crime, il faut exiger sa punition du souverain qui l'a nommé. Sur ce point il n'y a pas de désaccord entre les auteurs modernes qui ont écrit sur le droit des gens. D'ailleurs chaque État dispose de moyens de défense nombreux. Il peut prendre des mesures préventives ; il peut avertir le ministre de l'illégalité de ses procédés, surtout lorsqu'il y a lieu de croire que celui-ci se trouve dans l'erreur ; il peut demander le rappel de cet agent ou faire des réclamations auprès du souverain qui l'a accrédité ; il peut rompre toutes relations diplomatiques avec le ministre ou lui délivrer ses passeports, ce qui équivaut à une expulsion ; enfin, dans les cas excessivement graves d'un complot de haute trahison, il peut le chasser de force ou même le retenir prisonnier jusqu'au moment où les circonstances lui permettront de faire passer la frontière au ministre coupable. Dans les siècles précédents, les gouvernements ont dû parfois avoir recours à cette mesure extraordinaire. L'exemple le plus récent est celui de l'expulsion du représentant américain Washburne, par Lopez, dictateur du Paraguay. Mais il est clair que cette mesure ne peut être prise que dans des circonstances extrêmes et qu'elle doit toujours être dûment justifiée. Même la déclaration de guerre ne saurait être une raison suffisante pour retenir par force le représentant de la nation ennemie.

### § 54. — Classification des agents diplomatiques.

Pour mettre fin aux discussions mesquines que des questions de préséance avaient fait naître dans les siècles passés, le congrès de Vienne et celui d'Aix-la-Chapelle (1818) adoptèrent un règlement qui divise les agents diplomatiques en quatre classes.

I. Les ambassadeurs, les légats et les nonces du pape. Cette classe jouit de certains honneurs particuliers, car on croyait voir en eux les représentants, par excellence, de la personne du souverain qui les nomme.

II. Les envoyés ordinaires ou extraordinaires et les ministres.

III. Les ministres résidents. Cette classe a été créée par le congrès d'Aix-la-Chapelle.

IV. Les chargés d'affaires. Ce qui distingue surtout les chargés d'affaires des autres agents diplomatiques, c'est que ceux-ci sont accrédités auprès du chef de l'État, tandis que les chargés d'affaires ne le sont qu'auprès du ministre des affaires étrangères. Du reste, toutes ces classes n'offrent aucune importance au point de vue des privilèges attachés aux personnes diplomatiques. La distinction entre les ministres de première classe et ceux

des classes inférieures ne se rapporte qu'au cérémonial.
C'est l'État représenté qui désigne la classe à laquelle
son ministre appartiendra, mais il doit toutefois tenir
compte du rang de l'agent de l'autre puissance. Ainsi,
il est de règle que les agents des deux puissances aient
le même rang. Parmi les agents appartenant à la même
classe, c'est l'ancienneté qui décide, c'est-à-dire la date
de leur réception officielle par le chef de l'État.

S. — Geffcken dans le Handbuch des Vœlkerrechts de Holtzendorff, III, 605 et s. ; Stœrk dans le Wœrterbuch des deutschen
Verwaltungsrechts, de v. Stengel, « Ministerium der auswærtigen
Angelegenheiten »; Rivier, Vœlkerrecht, §§ 33 et s.; Wicque-
fort, L'ambassadeur et ses fonctions, 1679, 4e édition, avec des
notes de Barbeyrac, 1730 ; Miruss, Gesandtschaftsrecht, 1747 ; Alt,
Handbuch des europæischen Gesandtschaftsrechts, 1870 ; F. de
Cussy, Dictionnaire ou manuel-lexique du diplomate et du consul, 1846 ; G. de Martens, Manuel diplomatique ou précis des
droits et des fonctions des agents diplomatiques, 1822 ; Le même,
Guide diplomatique, Leipzig, 1832, 5e édition entièrement refondue
par F. H. Geffcken, 1866 ; Grenville Murray, Droits et devoirs des
employés diplomatiques, Londres, 1853 ; Garcia de Vega, Guide pratique des agents politiques du ministère des affaires étrangères,
1852 ; Comte de Garden, Traité complet de diplomatie ou théorie générale des relations extérieures des puissances de l'Europe,
1833 ; Esperson, Diritto diplomatico, 1872 ; Pradier-Fodéré, Cours
de droit diplomatique, 2 vol., 1881 ; P. Lewy, Des consulats et
des ambassades, 2e édit , 1876 ; Stœrk dans le Handbuch des
Vœlkerrechts, II, §§ 121 et s. ; de Bar, Internationales Privatrecht,
2e édition, II, 657 et s. ; Berner, Wirkungskreis der Strafgesetze,
p. 206 et s. ; Vesque de Puttlingen, Handbuch des internationalen Privatrechts, §§ 45 et s. ; Zorn, Staatsrecht des deutschen
Reiches, I, 117 et s. ; Heffter-Geffcken, loc. cit., § 42 ; Martens-
Bergbohm, Vœlkerrecht, I, § 80 et s. ; Calvo, Droit international,
I, 560 et s. ; Phillimore, International Law, II, 178 et s. ; Ortolan,
Eléments de droit pénal, I ; Oke Manning, Commentaries, III, ch.
2 ; Merlin, Répert. s. v. ministre public ; Harburger, Der straf-
rechtliche Begriff Inland, p. 160 et s. ; Stephen, New Commentaries, 3e édition, II, 470 et s. ; Rivier, Vœlkerrecht, § 38 et s.

## § 55. — Des consulats.

Les ministres publics ont à veiller sur tous les intérêts et sur tous les droits de l'État qui les a nommés.
Les attributions des consuls sont, au contraire, le plus
souvent purement commerciales, et elles ne s'étendent
pas, comme celles des ministres publics, sur tout le territoire étranger. Les consuls sont, en effet, chargés de
favoriser les intérêts commerciaux de leur pays dans
les villes où ils doivent résider. D'après la loi consulaire
de l'Allemagne, les consuls sont appelés « à protéger
et à favoriser de leur mieux les intérêts de l'empire,
notamment sous le rapport du commerce, des relations
internationales et de la navigation, à veiller à l'observation des traités publics et à prêter conseil et assistance
à tous les sujets des États confédérés ». Mais cette définition n'indique que d'une manière générale les attributions des consuls, qui sont très étendues. Les consuls
sont, en effet, autorisés à dresser des actes authentiques,
à légaliser des actes émanant des autorités territoriales,
à exercer, dans une certaine mesure, la juridiction volontaire, à recevoir les actes de l'état civil de leurs nationaux, par exemple, à célébrer des mariages, et parfois
même à recueillir des témoignages. Dans le cas où une
succession viendrait à être ouverte, ils devront prendre
les mesures nécessaires au règlement de cette succes-

sion. Enfin ils exercent un droit de police sur les équipages des navires de commerce de leur nation.

Les fonctions des consuls doivent être envisagées sous deux points de vue différents : 1° au point de vue de leur situation envers la nation étrangère. Envers cette nation ils ont des droits et des devoirs qui sont déterminés par les traités généraux et, à défaut de traités, par la coutume ou par les dispositions contenues dans l'*exequatur* qui leur est délivré ; 2° au point de vue de leur situation envers le pays qui les a nommés. Dans le cas où un État voudrait accorder à ses consuls le droit d'entreprendre certains actes ayant trait à la procédure civile et criminelle, ou bien au droit civil, au droit commercial et au droit pénal, il faut qu'il les investisse de ce droit par une loi spéciale. Quant à leurs attributions régulières, elles sont réglées par de simples instructions ou par des règlements administratifs.

L'origine de l'institution des consulats a été un besoin de défense personnelle, et c'est pourquoi les consuls étaient élus, au début, par ceux-là mêmes dont ils avaient pour mission de défendre les intérêts. Mais peu à peu la nomination des consuls a passé dans les attributions de l'État. Les droits de ces agents diffèrent essentiellemeut de ceux des ministres publics. Ainsi, il n'y a pas de raison suffisante pour accorder aux consuls le privilège de l'exterritorialité ou celui de l'inviolabilité, à moins toutefois qu'ils ne soient chargés, en même temps, de fonctions diplomatiques, ce qui arrive dans certains cas. En somme, on peut dire qu'il n'existe pas de règles fixes délimitant les privilèges des consuls ; aussi prend-on

soin de fixer ces droits dans les traités qui stipulent l'é-
tablissement d'un consulat. Certaines attributions et certains droits sont cependant communs à tous les consuls.
Ainsi, ils sont exempts des charges et des services personnels envers l'État et la commune ; les archives des
consulats sont inviolables ; les consuls ont le droit de
délivrer des certificats aux sujets de l'État qui les a
nommés ; ils peuvent dresser des actes authentiques ;
enfin ils ont le droit de faire usage des armes et du drapeau du pays dont ils doivent protéger les intérêts commerciaux.

S. — V. BULMERINCQ, Konsularrecht, dans le Handbuch des Vœlkerrechts de HOLTZENDORFF, III ; RIVIER, Vœlkerrecht, § 41 et s. ;
ALEXANDRE DE MILTITZ, Manuel des consuls, 1837-43; MENSCH, Manuel
pratique du Consulat, 1846 ; OPPENHEIM, Praktisches Handbuch
der Konsulate aller Lænder, 1854 ; NEUMANN, Handbuch des Konsularwesens, mit besonderer Berücksichtigung des œsterreichischen,
Wien, 1854 ; QUEHL, Das preussische und deutsche Konsularwesen
im Zusammenhange mit der inneren und æusseren Politik, 1863 ;
DE CLERCQ ET DE VALLAT, Guide pratique des consulats, 4e édition,
1880 ; DE CLERCQ, Formulaire des chancelleries diplomatiques et
consulaires, 4e édition, 1880. — Voir sur l'organisation consulaire
de l'Allemagne : ZORN, dans les Annales de HIRTH, 1882, p. 409-483 ;
LE MÊME, Reichsstaatsrecht, II, § 39 et s ; LABAND, Staatsrecht des
deutschen Reiches, II, §§ 71 et s. ; LAMMERS dans le Jahrbuch für
Gesetzgebung, Verwaltung und Rechtspflege des deutschen Reichs
de HOLTZENDORFF, I, 239 ; DŒHL, Konsularwesen des deutschen Reichs,
1873 ; REITZ, dans les Annales de HIRTH, 1874, p. 70 ; KŒNIG, Handbuch des deutschen Konsularwesens, 3e édit., 1885 ; cet ouvrage
contient des indications bibliographiques très étendues sur l'organisation consulaire de tous les États ; MALFATTI DI MONTE TRETTO,
Handbuch des œsterreichisch-ungarischen Konsularwesens, 1879.
Supplément, 1882 ; TUSON, The British Consuls Manual, 1856 ;
ABBOT, United States Consuls Manual, 1863 ; WERTHEIM, Manuel
des consuls des Pays-Bas, 1861 ; ARNTZ, Précis méthodique des
règlements consulaires de Belgique, Bruxelles, 1876.

## § 56. — Différentes sortes de consulats.

Les attributions des consuls sont ou purement commerciales, ou commerciales et judiciaires tout à la fois.
Déjà, dans les premiers siècles du moyen âge, les consuls exerçaient la juridiction, et surtout la juridiction
arbitrale sur leurs concitoyens établis à l'étranger. Mais
plus tard, le principe de la territorialité des lois, qui
remplaça le principe de la personnalité, et l'établissement de missions permanentes chargées de protéger et
de défendre les intérêts et les droits des nationaux, eurent pour conséquence de restreindre de plus en plus
les attributions judiciaires des consuls. De nos jours,
dans toute l'Europe, à l'exception de la Turquie, les consuls sont devenus des agents commerciaux. Quelques
traités récents accordent cependant aux consuls une compétence juridictionnelle relative aux contestations et
aux actes illégaux qui pourraient se produire sur les
navires de commerce. Mais c'est là une simple exception justifiée par des considérations d'utilité générale.
Le commerce international exige, en effet, une prompte
expédition des affaires de moindre importance, car les
longueurs de la procédure causent un préjudice considérable aux intérêts du commerce maritime. Mais si les
pouvoirs judiciaires des consuls ont disparu dans les
États civilisés, ils ont été créés ou augmentés en Orient.
Aux Échelles du Levant, les autorités locales ont perdu

par suite de capitulations et de traités de paix tout droit de juridiction sur les sujets étrangers qui jouissent, dans ces pays, du privilège de l'exterritorialité. Dans tout l'Orient, et même en Turquie, les consuls exercent sur leurs nationaux la juridiction civile et criminelle, et l'étendue de ce droit n'est fixée que par les lois du pays auquel le consul appartient. Il faut avouer que cet état de choses est regrettable, car il nourrit la haine des peuples de l'Orient contre les étrangers. Cependant il est difficile de le modifier, car les lois de ces pays sont, par principe, hostiles aux Européens et, en soumettant ceux-ci à la juridiction de tribunaux régis par de telles lois, on sacrifierait tous les intérêts supérieurs de la civilisation. L'avenir et les progrès qui pourraient se réaliser en Orient décideront du moment où l'on pourra se désister de ces droits d'exception. L'Égypte s'est efforcée d'abolir ces privilèges ainsi que les capitulations qui la lient, et elle a obtenu, à titre d'essai, l'établissement de tribunaux mixtes.

S. — Bulmerincq, *loc. cit.* ; Genevois, Histoire de la juridiction consulaire, 1866 ; Lachaud, Juridiction des consuls à l'étranger, 1865 ; Jacobovits, Die Konsulate als Gerichtsbarkeit im osmanischen Reiche, 1865 ; Rapport de la commission internationale réunie au Caire, 1870 ; Asser, Administration de la justice en Égypte, dans la Revue de droit international, II, 564 ; Deutsche Instruction vom 1er mai 1872 (Konsularschutz) ; v. Martens, Konsularwesen im Orient, 1874 ; Mancini, La réforme judiciaire en Égypte, 1875 (Rome) ; Timmermans, La réforme judiciaire, 1871 ; Renault, Étude sur le projet de réforme judiciaire en Égypte, 1875 ; Brauer, Die deutschen Justizgesetze in ihrer Anwendung auf die amtliche Thætigkeit der Konsuln und diplomatischen Agenten und die Konsulargerichtsbarkeit, 1879 ; Steinmann-Bucher, Reform des Konsularwesens aus dem volkswirtschaftlichen Gesichtspunkte, Berlin, 1884.

## § 57. — Nomination des consuls.

La volonté seule de l'État étranger ne suffit pas pour créer de nouveaux consulats ; il faut l'accord des deux pays intéressés. Même la nomination d'un consul doit être confirmée par le gouvernement du pays dans lequel cet agent est envoyé, et le consul doit s'abstenir d'exercer ses fonctions avant d'avoir reçu l'*exequatur* qui constate la reconnaissance de ses pouvoirs. Cet *exequatur* peut aussi lui être retiré dans la suite pour des raisons graves, car le consul ne jouit pas des immunités diplomatiques, et il reste toujours soumis aux lois du pays dans lequel il réside. En Allemagne, l'*exequatur* n'est pas délivré par les autorités impériales, mais par celles des États fédéraux. La nomination des fonctionnaires consulaires se fait au moyen de *lettres de provision* qui doivent être présentées au gouvernement étranger, afin qu'il accorde l'*exequatur*. Eu égard à la situation particulière des différents consuls, on distingue les consuls élus *consules electi* et les consuls de carrière *consules missi*. Cette terminologie n'est, d'ailleurs, plus très exacte depuis que même les consuls élus sont nommés par le gouvernement. — Cependant il existe toujours des différences entre ces deux catégories d'employés consulaires. Les *consules missi* doivent être sujets du pays qu'ils représentent, tandis que les consuls élus ne le sont pas forcément. Les *consules missi* reçoivent un salaire et n'ont pas le droit d'être négociants ; les *consules electi*, au contraire, qui, d'ailleurs, sont choisis, pour la plupart, parmi les commerçants de la place où ils doivent exercer leurs fonctions, peuvent faire le commerce. — Enfin les consuls munis d'attributions judiciaires ne sont presque jamais des consuls élus, mais des consuls de carrière, et d'après la loi consulaire allemande, du 8 novembre 1867, les *consules missi* doivent toujours posséder une instruction spéciale. Si on examine aussi la nature des attributions de ces deux classes de consuls, on voit que les fonctions du consul élu sont plutôt des fonctions honorifiques, tandis que les *consules missi* sont des fonctionnaires publics, soumis à toutes les mesures disciplinaires. Souvent aussi les consuls de carrière jouissent de distinctions honorifiques beaucoup plus grandes que celles que l'on accorde aux consuls élus qui, peut-être, sont des sujets de l'État qui leur accorde l'*exequatur*. D'après l'importance du poste qu'ils occupent, les consuls portent le titre de consul général, de consul ou de vice-consul. On trouvera dans la loi du 8 novembre 1867 toutes les dispositions concernant l'organisation des consulats de l'empire allemand.

Le grand développement qu'ont pris les institutions consulaires constitue également une preuve de l'extension des rapports internationaux. Au début, nous ne rencontrons des consulats que dans les ports de mer les plus importants ; mais peu à peu on en a établi dans toutes les villes, dans toutes les places commerçantes et même dans les capitales où chaque État est déjà représenté par des agents diplomatiques. Dans ce dernier cas, il pourrait surgir des conflits, et pour écarter toute difficulté, il faut que l'État qui crée un consulat dans une ville où il est déjà représenté par un agent diplomatique détermine exactement la compétence de ces deux fonctionnaires en se basant sur le principe de la division du travail.

En Allemagne, tout ce qui a rapport aux consulats rentre dans la compétence de l'Empire.

# VI. — LES CONFLITS INTERNATIONAUX ET LA GUERRE.

## § 58. — Violations du droit international et leurs conséquences.

Les dissensions et les conflits entre deux nations peuvent résulter de causes nombreuses. Tantôt le conflit naît par suite de la violation des règles de la courtoisie internationale, tantôt, par suite du refus fait par une nation de satisfaire à certains désirs, surtout dans le cas où des liens d'amitié créent une union plus étroite entre deux États et donnent à chacun d'eux des prétentions plus grandes à un échange de bons procédés. Il ne peut être question ici d'un droit de contrainte exercé par une des deux nations sur l'autre pour la forcer à rétablir les choses dans leur ancien état et à faire disparaître toute raison de dissentiment. Tant qu'il se tient dans les limites du droit international, chaque État a le droit de décider, à son gré, s'il veut accorder ou non des avantages à un autre État pour gagner son amitié. C'est même pour cette raison que l'on a soin d'insérer dans les traités une clause d'après laquelle chacun des

États contractants jouira des avantages que des traités
de commerce pourraient concéder, par la suite, à d'autres
États. Mais c'est surtout la violation arbitraire des intérêts d'une nation qui forme la cause principale des conflits internationaux. Or, les intérêts matériels d'un
peuple peuvent être lésés ou bien par la concurrence
qu'il doit soutenir contre l'activité commerciale et in-
dustrielle d'un autre peuple, ou bien par la violation de
ses droits. Dans le premier cas, il n'y a aucun sujet de
plainte. Chaque pays peut, en effet, travailler indépen-
damment pour ses intérêts, et il n'a pas à s'inquiéter
des intérêts rivaux d'une autre nation. La violation ne
commence qu'à partir du moment où un État cherche
à paralyser violemment l'action pacifique d'une nation,
et c'est dans ce cas seulement que la partie lésée acquiert
le droit de faire tous ses efforts pour contraindre l'autre
État à respecter les principes du droit et de la justice.
Les violations les plus importantes du droit des gens
consistent dans la non-observation des obligations imposées par un traité et dans la violation d'un des droits
fondamentaux des États ; en d'autres termes, dans la
violation d'un traité ou dans un délit. Lorsqu'il s'agit
de la violation d'un traité public, l'objet de la revendication est connu, et on sait à peu près quelle est la satisfaction qui est due à la partie lésée. Mais il en est autrement pour les délits. Les difficultés qui surgissent
dans ce cas sont importantes et nombreuses. Tout d'a-
bord, l'existence même du délit sera le plus souvent
mise en doute. Ainsi, on peut se demander si, en l'absence d'un traité, un État est en droit de se plaindre

de ce que le pays de refuge lui aurait refusé l'extradition d'un criminel fugitif. Ou bien encore deux États peuvent être en désaccord sur l'étendue des obligations qui incombent aux pays neutres en cas de guerre. C'est ce qui est arrivé notamment entre les États-Unis de l'Amérique du Nord et l'Angleterre à propos de la fameuse question de l'Alabama. De même le gouvernement d'un pays peut considérer le tort que l'exécution de ses ordres aurait causé à une autre nation, comme une simple lésion d'intérêts matériels dont il ne peut être rendu responsable. La partie lésée, au contraire, peut juger que cette lésion est une atteinte portée à ses droits. Toutefois, s'il y a eu réellement violation d'un droit, le gouvernement est responsable et de la violation qu'il aurait ordonnée lui-même et de celle qui aurait été commise par ses fonctionnaires agissant sans aucun ordre de sa part. L'État lésé n'a pas, d'ailleurs, besoin d'intenter toujours une action civile pour obtenir la réparation qui lui est due ; c'est plutôt à l'autre État qu'incombe le soin de se faire dédommager par celui qui aurait causé le tort et qui l'aurait mis dans la nécessité de le réparer.

Les sujets d'un État peuvent aussi entreprendre des actes hostiles à une puissance étrangère, et il est excessivement délicat et difficile de décider ici dans quelle mesure le gouvernement doit être responsable des actes de ses nationaux. Si un individu a pris par exemple du service dans une armée étrangère qui se trouve en guerre, ou s'il s'est rendu coupable d'un délit quelconque, il faut que l'État auquel il appartient le punisse, du moins sur la demande du gouvernement lésé-et-sous promesse de réciprocité. La nation qui refuserait dans ces conditions de punir le délinquant se rendrait elle-même coupable d'un délit du droit des gens. Il ne lui suffit pas, non plus, d'invoquer ses lois pour déclarer que l'action n'est pas punissable, car chaque État est tenu de défendre à ses sujets de violer les droits des autres pays et de troubler ainsi la paix du monde. Aussi, le gouvernement est responsable, non seulement dans le cas où il aurait favorisé le délit, mais encore dans le cas où il n'aurait pas su l'empêcher à temps. Souvent même le gouvernement sera placé dans une situation fort embarrassante. Les lois politiques peuvent lui prescrire de n'entraver en rien la liberté personnelle de ses nationaux, ce qui le met dans l'impossibilité de réprimer leurs excès. D'un autre côté le droit international n'admet pas cette impuissance comme une excuse suffisante. De là naissent des conflits qu'il n'est pas toujours aisé d'aplanir. De quelque manière que l'on pose la question de la responsabilité d'un gouvernement pour les actes délictueux commis par ses sujets, on éprouve la même difficulté de concilier les exigences du droit des gens avec celles du droit constitutionnel. Ainsi, on peut se demander dans quelle mesure un gouvernement est obligé de se préserver lui-même contre les attaques de sujets étrangers, et dans quelle mesure il est en droit de réclamer l'appui de l'étranger pour assurer l'ordre dans l'État ? Il est évident que, lorsque l'acte d'hostilité est commis sur son propre territoire, l'État lésé doit agir avec ses seuls moyens, car il ne peut rejeter sur une autre nation le soin de maintenir l'ordre dans ses affaires intérieures. Si, au contraire, par suite du principe de la territorialité, il n'est pas en état de se défendre, il peut exiger l'aide du gouvernement étranger, mais seulement dans le cas où celui-ci aurait eu connaissance du projet criminel de son sujet, et, par sa faute, n'aurait pas arrêté l'exécution de ce projet. D'ailleurs, chaque État cherche à nier sa responsabilité, et c'est encore là une nouvelle source de dissensions. C'est pourquoi il est nécessaire, pour que la paix repose sur des bases plus solides, que la théorie et la pratique des États déterminent les délits internationaux avec beaucoup plus de précision qu'on ne l'a fait jusqu'à présent.

### § 59. — Des moyens d'entente pacifiques.

Les moyens de mettre fin à un conflit international sont, outre la guerre : 1° l'entente directe entre les deux États ; 2° l'intervention amicale d'une tierce puissance, enfin 3° le recours à des mesures arbitraires afin de répondre à la violation d'un droit par une autre injustice.

1° *Entente directe*. Les États peuvent terminer leur différend en engageant des négociations diplomatiques et en cherchant à établir, sans passion aucune, la part de responsabilité qui incombe à chacun d'eux. Ou bien encore, l'État dont on suspecte les actions peut protester de ses sentiments d'amitié et de ses intentions de paix.

Enfin les deux États peuvent convenir de partager l'objet en litige ou de s'en rapporter au sort. Employé rarement de nos jours, ce dernier moyen était très usité autrefois pour trancher des querelles de préséance.

2° *Intervention amicale d'une puissance tierce.* Cette intervention comprend le cas de la médiation et celui de l'arbitrage. L'État qui intervient comme puissance médiatrice, soit qu'il ait été prié par les parties de jouer ce rôle, soit qu'il ait offert lui-même ses bons offices, doit chercher à amener une conciliation, un compromis, entre les parties en leur faisant faire des concessions mutuelles. L'arbitre, au contraire, que ce soit un souverain, un tribunal ou une personne privée, tranche la question de droit ou fixe le montant de l'indemnité d'après sa propre conviction, mais il ne peut imposer sa décision par la force. D'ailleurs, lorsque l'arbitre ne s'est pas montré impartial, lorsqu'il a refusé, par exemple, d'entendre les raisons qu'une partie aurait pu alléguer en sa faveur, l'État lésé aura le droit d'attaquer la décision du tribunal d'arbitrage. L'arbitre n'a pas, non plus, le droit de fixer sa propre compétence. S'il s'élève des doutes à ce sujet, il faut que les parties s'entendent pour décider la question. Cette difficulté s'est présentée notamment à propos du conflit anglo-américain dont la solution avait été remise à un tribunal arbitral réuni à Genève (14 septembre 1872). Les puissances qui ont pris part aux négociations qui ont eu lieu à Paris en 1856 se sont obligées, dans l'intérêt de la paix, à avoir recours aux bons offices d'une puissance amie, avant d'en appeler aux armes. Les conférences, par exemple, celles qui ont eu pour but de mettre fin à la question du Luxembourg et au différend turco-grec, peuvent être considérées également comme une sorte de médiation, car les parties intéressées, sans être précisément obligées de se soumettre à la décision de la majorité, ne peuvent pas, cependant, se refuser à suivre les conseils de puissances amies. C'est aussi de la même manière que l'on a envisagé souvent le rôle des congrès.

3° *Mesures violentes n'impliquant pas l'état de guerre.* Les mesures violentes auxquelles un Etat peut recourir pour obtenir justice sans déclarer la guerre, sont la *rétorsion* et les *représailles*. La rétorsion a pour but de répondre à une iniquité, par une autre iniquité. Elle consiste à traiter les ressortissants du pays qui s'est rendu coupable de l'iniquité de la même manière que ce pays a traité les sujets de l'État qui réclame réparation. Parfois, cette mesure constitue un moyen excellent pour faire disparaître du droit privé les inégalités entre nationaux et étrangers.

User de représailles, c'est se livrer à certains actes de violence contre une puissance étrangère. Ce qui distingue les représailles de la guerre, c'est que l'État qui les exerce ne s'attaque qu'à certaines personnes seulement ou à certains biens, qu'il limite, en d'autres termes son action et qu'en même temps il entend maintenir la paix. Cependant les représailles sont un moyen dangereux de se faire justice à soi-même, car elles sont considérées, le plus souvent, comme une provocation à la guerre. Aussi est-il bon d'épuiser d'abord tous les moyens de conciliation et de n'exercer des représailles qu'en cas de nécessité absolue.

Les actes de violence auxquels l'État lésé peut avoir recours sont multiples. Il peut se servir de procédés injustes analogues à ceux dont il est en droit de se plaindre. Il peut saisir des objets appartenant à l'État étranger et se les approprier même par la suite. Il peut retenir par force des sujets du pays qui a violé le droit, ce qui donne, en quelque sorte, à ces personnes la qualité d'otages. Il peut mettre *l'embargo* sur les navires de l'autre État, c'est-à-dire qu'il peut faire arrêter les navires trouvés dans ses ports ou dans ses eaux maritimes en vue d'empêcher la sortie. D'ailleurs, les États ont aussi souvent recours à l'embargo comme à une mesure préparatoire qui sert à mettre à la disposition d'une puissance des biens appartenant à une autre puissance, et que l'on a l'intention de confisquer dans le cas où une guerre imminente viendrait à éclater. Mais, de nos jours, on reconnaît universellement qu'une pareille mesure prise en temps de paix contre le commerce maritime constitue une injustice flagrante. Enfin l'État lésé peut se venger de l'autre État en investissant un port et en interdisant ainsi toute communication avec la place bloquée. C'est ce que l'on appelle le blocus pacifique.

v. Bülmerincq, dans le Handbuch de Holtzendorff, IV, 1-130 ; Noble, Arbitration and Congress as a substitute for War in the settlement of international disputes, 1862 ; Sanford, The law of special reprisals, 1858 ; C. F. Wurm, Selbsthülfe der Staaten in Friedenszeiten, 1858 ; Mas-Latrie, Du droit de marque et du droit de représailles, 1868 ; de Laveleye, Des causes de guerre dans l'Europe actuelle et de l'arbitrage, 1873. — Sur l'arbitrage, voir

les délibérations de l'Institut du droit international: Genève, 1874,
BEELARTS VAN BLOKLAND, International Arbitrage, Haag, 1875;
ROUARD DE CARD, L'arbitrage international dans le passé, le présent
et l'avenir, Paris, 1876.

## § 60. — La guerre et les parties belligérantes.

Comme moyen extrême de se faire justice eux-mêmes,
le droit des gens reconnaît aux États le droit de déclarer la guerre. La guerre, c'est l'usage de la force
pour soutenir des droits que les moyens pacifiques ont
été impuissants à défendre. Ce qui constitue la justifi-
cation de la guerre, c'est que la nation lésée se trouve
dans l'impossibilité de faire exécuter une juste sentence
contre l'État qui viole le droit, fort de la puissance de
ses armes. En définitive, il ne reste à un État d'autre al-
ternative que de renoncer une fois pour toutes au droit
de faire la guerre et d'encourager ainsi les autres puissances à violer ses droits, ou bien de recourir aux armes
en se fiant à sa force, à la justice éternelle qui conduit
les destinées des peuples et à l'appui moral qu'il trouvera dans le sentiment d'équité qui existe chez toutes
les nations. Il est évident que la sanction du droit des
gens n'est pas aussi efficace que celle du droit civil ou
du droit pénal, et que la voie judiciaire est un moyen
bien plus sûr d'obtenir justice que la voie diplomatique.
Mais on ne saurait méconnaître aussi que ce n'est plus
l'arbitraire qui guide seul les actions des États. La guerre

même a maintenant un caractère juridique, car elle n'est justifiée que dans certaines conditions seulement. Si l'agresseur ne poursuit que des agrandissements de territoire ou la satisfaction d'intérêts égoïstes au détriment d'un État faible, il aura contre lui l'opinion de toutes les nations policées. En engageant le pays dans une guerre, l'autorité suprême ne doit point perdre de vue qu'elle met en jeu les biens les plus sacrés du peuple. Aussi, la morale et la politique lui prescrivent de ne pas assumer une pareille responsabilité, si la violation du droit n'a pas une importance assez grande pour primer toutes les autres considérations.

Dans toute guerre, comme dans tout procès, c'est une seule des deux parties qui doit avoir raison. Dès le début de la guerre on ne saurait se prononcer d'une manière définitive. Il faut attendre l'issue de la lutte, comme il faut attendre le jugement dans un procès. C'est pourquoi, tant que l'un des deux États n'a pas prouvé la justice de sa cause en remportant la victoire sur son ennemi, les deux parties belligérantes ont absolument les mêmes droits et les mêmes obligations, aussi bien dans leurs rapports mutuels que dans leurs relations avec les puissances neutres. Chacun des belligérants doit permettre à son adversaire d'entreprendre tous les actes qu'il se permet de faire lui-même, et il doit s'abstenir de tout ce qu'il condamne chez son ennemi. La guerre est le tribunal arbitral des armes et c'est la force qui décide.

Depuis la fin du moyen âge les États seuls peuvent avoir la qualité de belligérants. Dans une guerre civile, les puissances neutres peuvent reconnaître cette qualité à la partie en révolte, mais à la condition que cette partie combatte en vue de constituer un État indépendant, qu'elle soit assez puissante pour braver les lois pénales, assez forte pour soutenir la lutte et assez bien organisée pour observer les droits de la guerre. Cette qualité lui est accordée, pour ainsi dire, par un jugement interlocutoire, en attendant qu'elle forme un nouvel État. Quant au gouvernement régulier, il est libre de traiter ses sujets révoltés soit comme belligérants, soit comme criminels. Le droit des gens n'a pas à lui prescrire la conduite qu'il doit suivre. Mais on discute toujours sur le point de savoir si un État neutre peut être rendu responsable de la précipitation qu'il a mise à reconnaître comme belligérants des sujets en révolte qui, plus tard, ont succombé dans la lutte contre le pouvoir central.

Des alliances conclues entre différents États peuvent augmenter encore, en cas de guerre, le nombre des combattants. Dans ce cas on distingue des *parties principales*, parmi lesquelles il faut compter les puissances entre lesquelles la guerre a éclaté tout d'abord et leurs alliés, et des *parties auxiliaires* (Nebenparteien). La partie principale a le droit et l'obligation d'intervenir avec toutes les forces dont elle dispose pour faire triompher la cause qu'elle s'est engagée à défendre. La puissance auxiliaire, au contraire, ne doit fournir à son allié que certains secours limités, soit en hommes, soit en argent, soit en prestations d'un autre genre. En échange, elle a le droit d'exiger que ses intérêts ne soient pas oubliés. D'ailleurs, sa situation envers son allié sera déterminée par des conventions spéciales et aussi par le principe supérieur qu'il n'est pas permis de négliger ou de sacrifier ses alliés. Enfin, ce sont les besoins de la politique qui décideront de quelle manière l'ennemi doit traiter une puissance auxiliaire. Il peut l'épargner ou la combattre avec la même vigueur que la partie principale, ou même l'attaquer la première, si elle se montre décidée à prendre part à une guerre imminente.

S. — V. Bulmerincq, Luder, Geffcken dans le IVe volume du Handbuch des Vœlkerrechts de Holtzendorff ; Rivier, Vœlkerrecht, §§ 60 et ss.; Rettich, Zur Theorie und Geschichte des Rechts zum Kriege, Stuttgart, 1888 ; N. Villiaumé, L'esprit de la guerre. Principes nouveaux du droit des gens, de la science militaire et des guerres civiles ; 3e édition, 1864 ; P. J. Proudhon, La guerre et la paix, vol. I, 1869. — Au point de vue politique, voir : P. Leroy-Beaulieu, Recherches économiques, historiques et statistiques sur les guerres contemporaines (1853-1866), 1869 ; Larroque, De la guerre et des armées permanentes, 1866 ; Bemis, The Recognition of Rebel Belligerency, 1865 ; Fiorilli, Del concetto della guerra e dei suoi rapporti con le questioni marittime, 1872 ; H. Brocher, Les principes naturels du droit de la guerre (dans la Revue de droit international), 1872 ; Essai sur la philosophie de la guerre, 1872 ; Den Beer Portugal, Het Orloogsrecht, Breda, 1872 ; Kamps, Kort begrip van het orloogsrecht, 1873 ; Hély, Étude sur le droit de la guerre de Grotius, 1875 ; Don Nicasio de Landa, El derecho de la guerra, 3e édition, Pampelona, 1877 ; E. Nys, Le droit de la guerre et les précurseurs de Grotius, 1882 ; Henri Brocher, Les révolutions du droit, vol. II, 1882.

## § 61. — Déclaration de guerre.

Pour éviter toute équivoque, on a admis de tout temps la nécessité d'une déclaration de guerre de la part de l'agresseur. Une attaque imprévue contre un État qui croit toujours au maintien de la paix constitue une violation flagrante du droit des gens. Il faut, en effet, pour que la guerre soit conforme aux principes du droit des gens, que l'ennemi soit mis à même de se défendre. Mais l'habitude que l'on avait dans l'antiquité et au moyen âge de laisser un certain délai entre la déclaration de guerre et l'ouverture des hostilités, et d'employer des formes solennelles pour déclarer la guerre, est complètement tombée en désuétude. — De nos jours, il suffit qu'un État fasse connaître d'une manière quelconque à son ennemi son intention de l'attaquer, et il peut même avoir recours à une déclaration conditionnelle au moyen d'un *ultimatum*. Les hostilités peuvent aussi commencer sans déclaration de guerre *préalable* lorsqu'un État s'oppose par la force à l'exécution de mesures de représailles ordonnées par une autre nation. Mais, même dans ce cas, il est nécessaire que l'État qui prend l'offensive fasse une déclaration de guerre expresse pour lever tous les doutes. Les États neutres ont, en effet, un intérêt considérable à savoir au juste à quoi s'en tenir pour régler leur conduite conformément aux règles du droit des gens. D'ailleurs, dans la pratique, les belligérants annoncent toujours aux puissances neutres qu'ils ont pris les armes.

§ 62. — **Des moyens licites de guerre.**

Le but final d'une guerre ne répond pas nécessairement à la cause juridique qui a donné naissance à la
lutte entre deux nations. La guerre crée de nouveaux
droits et, en première ligne, le droit d'exiger une indemnité pour tous les frais qu'elle a nécessités. Afin que le
but final soit atteint, afin que les réclamations de l'un
des belligérants soient satisfaites et afin que les prétentions de l'autre belligérant soient définitivement écar-
tées, il est nécessaire que l'une des deux parties soit
mise dans l'impossibilité de continuer la lutte. Tous les
moyens qui peuvent amener ce résultat, tous ceux dont
l'expérience a démontré l'efficacité, sont regardés
comme des moyens licites de guerre. C'est ce que l'on
est convenu d'appeler la *raison de guerre*. Mais toute
violence exercée contre des personnes privées, lorsque
les pertes qu'on leur fait subir ne peuvent, en aucune
façon, amener la conclusion de la paix et, en général,
tous les actes de destruction inutiles et qui ne sont pas
commandés par la nécessité doivent être considérés
comme illicites et barbares. Ainsi, lorsqu'une nécessité
impérieuse ne l'exige pas, non seulement la morale,
mais aussi les lois de la guerre prescrivent de ne pas
tuer des personnes sans défense, des femmes, des enfants, et de ne pas piller les propriétés des habitants du
pays envahi. C'est contre les forces de l'État que l'on

doit faire la guerre, et c'est elles seules que l'on doit combattre jusqu'à ce qu'elles soient complètement épuisées. D'ailleurs, il s'entend de soi que toute violation des lois de la guerre autorise l'ennemi à violer ces lois à son tour, à exercer en d'autres termes des représailles de guerre. — Pour vaincre, chaque belligérant est en droit de recourir soit à la force, soit à la ruse. En induisant l'ennemi en erreur, on peut lui faire perdre l'avantage qu'il aurait pu tirer de forces supérieures; aussi, le droit d'employer la ruse de guerre ne fait-il pas l'ombre d'un doute. Répandre de fausses nouvelles et dresser des embuscades, c'est avoir recours aux moyens les plus propres pour remporter la victoire. Mais, si la ruse est permise, le parjure et la perfidie ne le sont pas, et le droit de tromper l'armée que l'on combat cesse avec le moment où celle-ci est en droit de se fier à la parole et à la bonne foi de son ennemi. Les lois de la morale, ainsi que celles de la guerre, défendent d'entreprendre, même contre des ennemis, des actes qui constitueraient une trahison abominable, tels que l'empoisonnement, l'assassinat, la propagation intentionnelle d'une maladie contagieuse. Mais il est permis de se servir d'espions de guerre qui, sous un prétexte ou un déguisement quelconque, cherchent à pénétrer dans les positions de l'ennemi pour y surprendre ses secrets. Le rôle d'un espion qui se fait payer les informations qu'il livre est considéré comme déshonorant; cependant chaque belligérant sait que son adversaire a des espions à sa solde. Il est donc prévenu et il peut se défendre en cherchant à obtenir lui-même par des espions tous les renseignements qui lui sont utiles sur les forces et sur les positions de l'armée de l'adversaire. Pour terrifier par l'exemple, l'usage s'est aussi établi de frapper les espions de ce que l'on appelle, mais d'une manière impropre, la peine de mort.

Le caractère distinctif de la guerre est le droit d'exercer contre les soldats et les biens de l'État ennemi tous les actes de violence que les opérations de guerre rendent nécessaires. Ainsi, on a le droit de brûler les fermes qui cachent des soldats, de faire sauter les ponts, d'inonder les campagnes, de détruire les provisions de l'ennemi, ses voies ferrées, ses lignes télégraphiques et tous les autres moyens de transport ou de communication. Mais il n'est pas toujours facile de tirer la ligne de démarcation entre les actes qui sont permis par les usages de guerre et ceux qui doivent être flétris comme arbitraires et contraires au droit et à l'humanité. En général, on peut dire cependant que les belligérants ne doivent pas sacrifier à des avantages momentanés et insignifiants des œuvres importantes que l'on a élevées pendant la paix au prix de fatigues et de dépenses considérables. Aussi, l'opinion publique condamnerait-elle de nos jours la destruction de lignes de chemins de fer coûteuses, lorsque cette mesure n'est pas exigée par une nécessité impérieuse d'enlever à l'ennemi ses moyens de transport. Ce serait également enfreindre les lois modernes de la guerre que de ravager des champs lorsque l'époque de la moisson est encore éloignée. En somme, on peut poser comme principe que l'œuvre de destruction doit être proportionnée aux exigences de la guerre, mais non pas les dépasser. Les sentiments d'humanité dont notre siècle s'inspire ont déjà fait proclamer la neutralisation des ambulances et des hôpitaux militaires. Il serait à désirer que le monde civilisé, obéissant aux mêmes sentiments qui ont dicté la convention de Genève, cherchât à préserver de la ruine qui les menace en temps de guerre les tunnels, les canaux inter-océaniques, les câbles sous-marins et, en général, toutes les grandes œuvres qui servent à mettre les différentes nations et les différentes parties de la terre en communication les unes avec les autres.

L'acte de violence le plus terrible que la guerre permette aux belligérants d'exercer, c'est le droit de donner la mort à l'ennemi. Sans ce droit, la guerre serait impossible. Mais, ici encore, il faut distinguer entre les nécessités de la guerre et les cruautés inutiles. S'il est permis de tuer un adversaire armé et résolu à combattre jusqu'à la mort, il est absolument interdit d'ordonner le massacre de gens incapables d'opposer une résistance sérieuse. Le droit des gens défend, en outre, l'usage d'armes qui aggravent inutilement les souffrances des hommes hors de combat et rendent toute guérison impossible. C'est ainsi que la convention de Saint-Pétersbourg, du 29 novembre 1868, interdit l'emploi de projectiles explosibles ou incendiaires. Mais cette défense ne s'applique qu'aux balles de fusils, non aux armes de gros calibre. Le gouvernement russe avait pris la généreuse initiative de fixer, de concert avec toutes les nations européennes, les lois de la guerre. Pour arriver à ce but, on engagea des négociations en 1874 à Bruxelles, mais le projet n'a pas encore abouti.

Le but auquel chaque belligérant doit tendre dans la guerre, c'est de réduire son adversaire avec le moins de sacrifices possible, non seulement de sa part, mais encore de la part de l'ennemi. Toute destruction qui n'est pas commandée par la raison de guerre, et qui n'a d'autre cause que la volonté de détruire, est contraire au droit des gens ; même la vengeance, lorsqu'elle est exercée sur un ennemi sans défense, n'est pas une excuse suffisante. La morale la condamne.

LUDER, dans le Handbuch de Holtzendorff, IV, § 47 et ss.; CORSINI, Las leyes de la guerra segun las tradiciones y los adelantos de la civilisacion, 1857 ; MONTAGUE BERNARD, Laws of war, dans les Oxford Essays, 1856 ; Instructions for the government of armies in the field (Publication officielle des États-Unis rédigée sous forme de Code par le Dᵣ LIEBER.); GRAHAM, Military ends and moral means, 1864 ; PERELS, Internationales Seerecht ; LE MÊME, Handbuch des allgemeinen œffentlichen Seerechts im deutschen Reiche. — Voir sur la guerre de 1870 : DAHN, dans les Jahrbücher für die deutsche Armee und Marine, I, 79, III, 51 et ss.; BLUNTSCHLI, dans le Jahrbuch für Gesetzgebung, Verwaltung und Rechtspflege des deutschen Reiches (I, 270 et ss., 1871) de Holtzendorff ; G. ROLIN-JAEQUEMYNS, La guerre actuelle dans ses rapports avec le droit international, 1870 ; MORIN, Les lois relatives à la guerre selon le droit des gens moderne, 2 vol., 1872. — Actes de la conférence de Bruxelles, 1874. — Manuel des lois de la guerre sur terre, publié par l'Institut de droit international, 1881.

§ 63. — **Des combattants et des non combattants.**

Pour que l'observation des règles de la guerre présente quelque garantie, il faut que ceux qui enfreignent ces règles soient rendus responsables de leurs actes. Mais cette responsabilité n'est possible qu'avec une armée disciplinée et obéissant aux ordres d'un chef. La discipline est donc nécessaire, non seulement pour la sécurité des États, mais encore pour l'observation des règles du droit des gens. En conséquence, les opérations militaires ne sont permises qu'à des corps de troupes organisés et soumis à un commandement supérieur, et non pas à de simples particuliers. Seuls les soldats qui composent les troupes mises en campagne par l'État ont la qualité de combattants, et c'est là un des principes fondamentaux du droit des gens moderne. Sans ce principe, il serait, en effet, impossible de ne pas étendre les effets de l'État de guerre sur les personnes privées et sur leurs propriétés. De nos jours, ce sont les États qui se font la guerre, et non plus les particuliers comme dans les temps de barbarie. On doit considérer aussi comme combattants les *corps francs* sérieusement organisés et reconnaissables à leur uniforme. Ces corps ne se distinguent, d'ailleurs, du reste des troupes que par la mission qu'ils ont à remplir et qui consiste à harceler l'armée ennemie par une guerre continuelle de surprises et d'embuscades. Mais les *bandes libres* qui s'arment de leur propre mouvement, se rassemblent et se dispersent selon les circonstances et ne sont pas reconnaissables à leur uniforme à portée de fusil, sont traitées, et avec raison, avec beaucoup plus de rigueur. La guerre faite par des bandes de personnes armées, et non par des troupes possédant une organisation militaire, est une guerre privée dans laquelle il n'y a pas lieu d'appliquer les règles du droit des gens. Les usages modernes de la guerre devraient condamner aussi l'emploi de *troupes irrégulières*, tels que les Baschi-Bosuks turcs et les Turcos, avec la même sévérité qu'ils condamnent l'emploi de bandes non organisées. C'est aussi des mêmes principes que l'on doit s'inspirer pour se faire une idée exacte de la course dans la guerre maritime. On appelle *course* la guerre maritime faite par des navires marchands munis de *lettres de marque* qu'une puissance belligérante leur délivre et qui les autorise à capturer et à détruire les biens de l'ennemi sur mer. Le 16 avril 1856 les puissances signataires du traité de Paris déclarèrent l'abolition de la course, mais tous les États n'ont pas encore adhéré à cette déclaration.

Lieber : Guerillas et guerilla parties, 1862.

## § 64. — Des combattants et des
## non combattants (suite).

De même que les armées ont seules le droit de combattre l'ennemi, de même aussi elles doivent être seules
à supporter les horreurs de la guerre. On ne peut donner
la mort et on ne peut blesser que des combattants en état
de se défendre ; on ne peut faire prisonniers que les soldats appartenant à un corps de troupe. Une restriction
importante dans le droit de faire à l'ennemi le plus de
mal possible a été apportée dans les lois de la guerre
par la Convention de Genève qui a proclamé neutres
les ambulances et les hôpitaux militaires, qui a étendu
cette neutralité au personnel de ces établissements et
qui a décidé, en outre, que les militaires blessés ou malades doivent être recueillis et soignés, à quelque nation
qu'ils appartiennent. Trente-six États, parmi lesquels
il faut compter tous les États européens et même plusieurs États situés en dehors de l'Europe comme les
États-Unis de l'Amérique du Nord (1882), la Perse, la
République Argentine, le Japon (1886) ont déjà adhéré à
cette Convention. Dans la première rédaction de 1864,
la Convention de Genève ne devait, d'ailleurs, s'appliquer qu'à la guerre sur terre, mais les articles addition-
nels de 1868 étendirent les dispositions qui y sont contenues à la guerre maritime.

Quelques soins que l'on prenne, et quelques règles que

l'on prescrive pour circonscrire la lutte entre les deux armées en présence, il sera impossible de ne pas faire subir au reste de la nation les exigences et les effets de la guerre. Il ne suffit pas, en effet, de prendre toutes les dispositions nécessaires pour vaincre l'armée ennemie sur le champ de bataille, il faut encore empêcher l'État que l'on combat de ravitailler son armée, de réparer les pertes qu'il a éprouvées et de tirer avantage des droits qu'il exerce sur ses sujets. Mais, pour obtenir ce résultat, on ne peut laisser intacts ni les biens de l'ennemi, ni l'organisation intérieure du pays envahi.

G. Moynier, Droit des gens ; Étude sur la Convention de Genève, 1870 ; Gurlt, Zur Geschichte der internationalen freiwilligen Krankenpflege, 1873 ; Luder, Die Genfer Konvention, 1876 ; Le même dans le Handbuch de Holtzendorff, IV, §§ 20 et s.; Olivi, Cenni storici e critici sulla convenzione di Geneva, Modena, 1879.

## § 65. — Des choses de l'ennemi.

Les lois de la guerre proclament le respect de la propriété privée. Sauf les cas exceptionnels dans lesquels il est permis de faire usage des choses de l'ennemi et même de les détruire, on ne peut ni enlever, ni s'approprier les biens appartenant aux sujets de la puissance ennemie. Ce principe devrait être appliqué, sans exception aucune, lorsqu'il s'agit de biens situés sur le territoire de l'État qui fait la guerre à la patrie des propriétaires de ces biens. Un État ne saurait, en effet, confisquer,

sans injustice, la propriété privée que les relations pacifiques ont livrée à sa discrétion, comme il ne saurait,
non plus, expulser en temps de guerre, les sujets ennemis, sans violer un principe qui, jusqu'à la guerre de
1870, a été généralement observé dans les temps modernes. Mais il en est autrement des choses de l'ennemi
dans le pays envahi. Ici il faut distinguer entre la propriété privée et les biens de l'État. L'armée qui envahit
un pays a le droit de s'emparer de tous les vivres qui
lui sont nécessaires, mais elle doit indemniser les propriétaires. C'est une espèce d'expropriation justifiée par
les besoins de la guerre, mais elle ne peut être gratuite
que dans le cas de nécessité absolue, ou bien encore
lorsque les habitants ont caché ces objets à dessein, pour
les soustraire à l'expropriation. Le droit de conservation
exige, en effet, et explique aussi le besoin de pourvoir,
même par la force, à l'entretien des troupes en pays ennemi. Quant aux biens appartenant à l'État, l'occupant
a le droit de saisir tous les approvisionnements, le nu-
méraire et les caisses des armées de l'adversaire. En
outre, il peut mettre sous séquestre les immeubles de l'É-
tat ennemi, il peut même percevoir les fruits que produit
cette propriété immobilière, mais, tant que dure la
guerre, il n'a le droit ni de s'approprier ces immeubles,
ni de les aliéner.

## § 66. — Du butin et de la prise.

Il s'est conservé jusque dans nos jours un usage qui
fait exception aux principes modernes du droit de la
guerre : c'est l'occupation des choses de l'ennemi. L'État,
qui s'empare de ces objets avec l'intention de se les approprier, en acquiert la propriété. Sans nul doute, chaque
belligérant a le droit de se saisir de tous les meubles
qui sont la propriété de l'État ennemi et qui peuvent
être utiles aux opérations de guerre, tels qu'armes,
chevaux, artillerie, etc. Le droit de butin s'étend même
sur certains biens qui appartiennent à des particuliers ;
c'est ainsi que, non seulement les armes, mais encore
tous les objets de prix que les combattants portent sur
eux peuvent être enlevés par l'adversaire, car on suppose qu'il les abandonne au vainqueur. Mais on ne saurait méconnaître qu'ici aussi des idées plus nobles commencent à animer l'esprit des armées du monde civilisé.
Le soldat instruit et pénétré de sentiments élevés dé-
daigne les anciens usages des troupes de mercenaires.
Souvent, on a même puni comme voleurs des individus
qui avaient pillé des soldats tombés sur le champ de bataille. — Au point de vue du droit international, on doit
considérer, en outre, comme absolument interdit, le pil-
lage d'une place enlevée d'assaut. La promesse que le
général aurait pu faire à ses soldats avant l'attaque ne
suffit pas pour justifier un tel acte. Mais c'est surtout la

prise maritime qui porte l'atteinte la plus grave au
principe de l'inviolabilité de la propriété privée. Tous
les biens de l'ennemi sur mer, s'ils ne sont protégés par
les droits des neutres, sont à la merci de l'adversaire qui
peut les détruire ou se les approprier. Seulement, le
capteur n'acquiert pas immédiatement la propriété des
biens dont il s'est emparé. Cette propriété doit lui être
attribuée par un *tribunal des prises* de son pays, après
que la nationalité des biens enlevés a été dûment cons-
tatée. On ne saurait nier que la prise maritime n'est pas
en harmonie avec nos idées modernes ; la science et la
justice la condamnent également, mais, jusqu'à présent,
les nations civilisées n'ont pas encore pu tomber d'accord pour abolir cette pratique d'un autre âge qui constitue, au point de vue juridique, la différence la plus
importante entre la guerre maritime et la guerre sur
terre. Le Code militaire de l'Allemagne, du 20 juin 1872,
contient, dans sa huitième partie, des dispositions étendues sur les actes illégaux commis en temps de guerre
contre les personnes ou les biens.

S. — BLUNTSCHLI, Das Beuterecht im Kriege und das Seebeute-
recht insbesondere, 1878 ; F. DE KLOBUKOWSKI, Die Seebeute, 1877 ;
ATTLMAYER, Ueber den Seekrieg, 1878 ; PATERNOSTRO, Delle prede,
delle reprede e dei giudizj relativi, Napoli, 1879 ; LUDER, dans le
Handbuch de Holtzendorff, IV, §§114-117 ; GEFFCKEN, dans le même
ouvrage, §§ 121 et ss.; v. BULMERINCQ, Vœlkerrecht, §§ 92 et ss.; RI-
VIER, Vœlkerrecht, §§ 64 et ss.; BŒCK, De la propriété privée ennemie sous pavillon ennemi ; Lettre de MOLTKE à Bluntschli : Revue
de droit international, XIII, 81 ; PERELS, Internationales Seerecht,
§§ 35 et ss.

## § 67. — Institutions du pays envahi.

Il est certain que l'État envahisseur a le droit de donner aux habitants du pays envahi tous les ordres qui se rattachent au but de la guerre. L'occupant doit chercher, en effet, par tous les moyens, à empêcher le gouvernement ennemi de tirer profit des droits souverains, qu'en temps ordinaire il exerce sur ses sujets. Il doit lui rendre impossible la perception des impôts, la levée des troupes et, en général, tout ce qui pourrait l'aider à continuer la lutte. Les habitants doivent se conformer à toutes les décisions prises dans l'intérêt de l'armée d'occupation ou en vue de la réussite des opérations militaires du vainqueur. D'ailleurs, ces mesures ne reposent pas sur la force. Elles ont, au contraire, un fondement juridique, car chaque belligérant reconnaît à son adversaire le droit de prendre, sur le territoire envahi, toutes les dispositions nécessaires au succès de sa cause. Mais les droits que l'État envahisseur exerce en pays ennemi ont un caractère provisoire, et ils cessent avec l'occupation. L'ennemi ne peut ni ne doit briser le lien qui unit les habitants du pays envahi à leur patrie et déclarer qu'ils sont devenus ses propres sujets. Il ne peut exiger que ces habitants servent dans ses armées ou l'aident de leur personne ; il ne peut leur demander de lui fournir des renseignements ou de trahir des secrets d'État. Il n'a le droit ni d'abolir, ni de modifier une loi quelconque ; il peut simplement suspendre l'application d'une loi dans la mesure qu'il juge nécessaire aux intérêts de ses opérations militaires ou de sa propre sécurité. Les pouvoirs de l'envahisseur en matière de répression pénale sont également limités par le droit des gens. Il ne peut traduire des sujets ennemis devant une cour martiale que lorsqu'ils se sont rendus coupables envers les troupes d'occupation d'actes hostiles et de crimes qu'il faut réprimer et punir. Mais, sauf ce cas, toute immixtion dans les affaires judiciaires lui est interdite. Il ne lui est pas permis de pourvoir lui-même à la nomination des juges et il doit laisser les tribunaux existants libres de décider s'ils veulent ou non veiller à l'administration de la justice dans leur pays.

Une question excessivement discutée de nos jours, c'est celle de savoir si l'État envahisseur a le droit de prélever des contributions et des impositions de guerre. Mais on doit lui reconnaître ce droit et considérer une telle mesure comme suffisamment justifiée au point de vue juridique, lorsque l'ennemi exige des prestations en nature, ou lorsqu'il a recours à cette mesure comme à un moyen de représailles ou comme à un moyen de répression pour frapper collectivement tous les habitants d'une commune qui se livre à des actes d'hostilité, ou bien enfin lorsque la contribution doit servir à dédommager le vainqueur qui renonce au droit de s'emparer des biens de l'État qui se trouvent dans une place forte qui a capitulé.

## § 68. — Droit de postliminie.

Avec l'évacuation du territoire tombent d'elles-
mêmes toutes les dispositions prises par l'envahisseur,
car elles n'avaient pas d'autre raison d'être que la présence des forces ennemies. L'ancien état de choses est
aussitôt rétabli et l'autorité souveraine de l'État envahi
reprend l'exercice de tous les droits qu'elle avait mo-
mentanément perdus. Le même principe s'applique
aussi aux droits des particuliers. Toute appropriation
illégale est considérée comme non avenue et l'objet pris
est rendu à son propriétaire légitime. L'ensemble de
tous ces effets qui accompagnent le départ de l'ennemi
et qui semblent nier le fait de l'occupation, constitue,
de nos jours, le droit de postliminie dont l'application
sera d'autant plus étendue que les modifications pro-
duites par la guerre dans l'état juridique des personnes
et des biens seront plus nombreuses. A Rome, où la
captivité entraînait l'esclavage, on avait inventé le *postliminium* pour effacer les conséquences attachées à la
servitude et pour réintégrer immédiatement le captif
rendu à la liberté dans tous les droits qu'il possédait
avant de tomber au pouvoir de l'ennemi. Ainsi, grâce
au *postliminium*, dès que l'ennemi n'exerce plus sa domination, un droit, dont la jouissance avait été perdue
pour le vaincu, revit *ipso jure* et sans qu'un acte juridique quelconque soit nécessaire.

La captivité des anciens temps a disparu de nos usages modernes. Le prisonnier de guerre n'a plus à craindre ni la mort, ni l'esclavage, ni la mutilation. Même le rachat des prisonniers que nous trouvons dans tout le moyen âge et jusque dans les temps modernes a cessé d'exister. Les droits du vainqueur sur les personnes tombées dans son pouvoir ne tiennent plus qu'une place secondaire. Ce sont ses devoirs envers elles qui sont passés, pour ainsi dire, au premier plan. Il doit les entretenir, avoir soin d'elles et les garder jusqu'au moment où la cessation des hostilités mettra d'elle-même fin à la captivité. Cette innovation importante dans les usages de la guerre a rendu d'ailleurs impossible la principale application du droit de postliminie. Ce droit ne peut plus modifier que les effets de l'invasion sur l'organisation intérieure de l'État et sur la propriété privée. Encore faut-il que les acquisitions faites par l'ennemi ne soient pas considérées comme définitives par les lois modernes de la guerre. Ainsi l'aliénation du butin fait sur l'ennemi est valable, et celui qui aurait acquis, conformément aux principes du droit des gens, une chose faisant partie de ce butin ne peut en être dépossédé en vertu du droit de postliminie.

Autrefois, la question des reprises, c'est-à-dire de la revendication d'objets pris par l'ennemi dans la guerre maritime, avait donné lieu à des controverses nombreuses et difficiles à trancher.

S. — Herbst, Die Stellung der Kriegsgefangenen in strafrechtlicher Hinsicht nach den Grundsætzen des Militærstrafgesetzbuchs für das deutsche Reich, dans l'Archiv de Goltdammer, 1872, p. 332;

Eichelmann, Die Kriegsgefangenschaft, 1878 ; Stœrk, Das Postliminium im Vœlkerrecht, dans les juristische Blætter, 1881 ; v.
Kirchenheim dans le Handbuch de Holtzendorff, IV, 822-854.

## § 69. — Traité de paix.

La guerre peut prendre fin de différentes manières.
La cessation des hostilités, imposée aux deux parties
par l'épuisement de leurs forces, met fin à la guerre,
encore que la paix n'ait pas été formellement proclamée.
Il en est de même en cas d'anéantissement complet de
la personnalité internationale de l'État vaincu (*Debella-
tio*). Ici la proclamation de la paix est inutile. Elle est
même impossible lorsque le vaincu ne veut pas reconnaître la conquête que cette guerre a entraînée. La
guerre peut enfin se terminer par un traité solennel : le
traité de paix. Ce traité a l'avantage de constater d'une
façon formelle la fin de la guerre, de faire disparaître
toute incertitude et de répondre, par conséquent, aux
véritables intérêts du droit des gens, bien mieux que les
deux autres manières qui laissent, pendant un certain
temps, les puissances tierces incertaines sur la conduite
qu'elles devront suivre. En outre, le traité de paix peut
seul créer entre les deux parties belligérantes des relations juridiques nouvelles, partant d'une époque déterminée et qui soient stables et obligatoires. Mais comme
la conclusion définitive d'un traité de paix exige des
négociations assez longues, l'usage s'est établi de faire

précéder ce traité d'une convention proclamant la cessation des hostilités (Waffenstillstandsvertrag) qu'il faut se garder de confondre avec la trêve, qui est conclue seulement pour un temps plus ou moins long et non pas comme mesure préliminaire de la paix. D'ailleurs cette différence dans le but que poursuivent ces deux espèces de conventions n'a aucune influence sur la nature juridique des obligations réciproques qu'elles établissent entre les belligérants. L'objet spécial de tout traité de paix est la réglementation des questions qui ont provoqué la guerre à laquelle il met définitivement fin. Mais les traités de paix entraînent, en outre, certaines conséquences importantes et qui sont les mêmes partout et toujours. C'est ainsi que les hostilités doivent cesser dès le moment de la conclusion du traité de paix, ou dès le moment où les commandants des troupes ont pris connaissance de cette conclusion. Les prisonniers de guerre doivent être mis en liberté, et on ne peut les garder comme otages que dans le cas où cette clause aurait été expressément stipulée. Si le traité ne fixe aucune indemnité pour le dommage causé pendant la guerre, les parties ne sont plus en droit d'exiger une satisfaction quelconque. Elles sont censées renoncer à toute espèce de prétentions (clause d'amnistie). — La cause qui a donné lieu à la guerre est écartée d'une manière définitive ; elle acquiert, pour ainsi dire, force de chose jugée, et il n'est plus permis de revenir sur cette cause pour provoquer une nouvelle guerre. Autrement, les traités de paix ne seraient que de simples trêves déguisées.

Les traités de paix ne sauraient jamais être conditionnels. La distinction que l'on a voulu établir entre la paix pure et simple et les traités de paix conditionnels repose sur une erreur. On entendait par paix pure et simple la conclusion d'un traité qui stipulait simplement le rétablissement de la paix, sans contenir d'autres dispositions sur les modifications territoriales ou sur les points en litige. Tous les autres traités étaient qualifiés de conditionnels. Mais c'était confondre le non-accomplissement d'une condition avec la non-exécution des obligations contractées par l'une ou par l'autre des deux parties. Or il est évident que, dans le cas où l'un des contractants ne remplirait pas les obligations qui lui incombent, il violerait le traité et ferait naître ainsi un nouveau prétexte de guerre.

D'habitude, on insère aussi dans les traités de paix certaines clauses qui ne sont pas essentielles et que les parties peuvent par conséquent modifier à leur gré, mais qui, à défaut de disposition contraire, sont sous-entendues lorsqu'elles n'ont pas été expressément énoncées dans le traité. — Nous n'avons pas à examiner ici les effets de la conclusion de la paix sur le droit conventionnel qui réglait les relations des deux parties belligérantes avant la déclaration de guerre. Faisons observer seulement que cette question est étroitement liée à la question des effets de la déclaration de guerre sur le droit conventionnel des belligérants, et qu'il n'existe pas sur cette matière des principes universellement reconnus.

Les droits du vainqueur sur les habitants des pays qu'il a conquis par suite de l'anéantissement complet

de son adversaire font aussi l'objet de controverses ar
dentes. On se demande s'il est forcé de respecter la
constitution du pays conquis ou bien s'il est en droit
d'incorporer ce territoire à ses États ? Mais si l'on admet
la légitimité de la conquête, on doit aussi admettre que
le vainqueur ne peut être lié par le droit public du
vaincu. C'est à lui à décider si l'ancien droit constitutionnel, que le changement de l'autorité suprême a déjà
profondement modifié, peut encore se concilier avec
le nouvel état de choses créé par la conquête. Mais le
conquérant ne peut, dans aucun cas, traiter comme des
sujets les personnes qui, avant ou pendant l'incorpora-
tion de l'État conquis à l'État victorieux, ont quitté le
pays avec l'intention de ne plus y revenir ou du moins
de ne retourner dans leur patrie qu'après l'expulsion du
vainqueur.

S. — Heffter-Geffcken, Vœlkerrecht, § 179 et ss. ; Bulmeringq,
Vœlkerrecht, § 90 et ss. ; Martens-Bergbohm, Vœlkerrecht, I, § 128
et ss. ; v. Kirchenheim dans le Handbuch de Holtzendorff, IV, § 171.
Calvo, Droit international, t. III ; Stœrk, Option und Plebiscit
bei Eroberungen und Gebietscessionen ; Deux mémoires de Za-
chariæ et de Neumann parus dans la deutsche Strafrechtszeitung
1868, p. 304. — Stœrk, Handbuch de Holtzendorff, II, 612 et ss.

# VII. — LES DROITS DES NEUTRES.

## § 70. — Définition.

Heffter remarque avec beaucoup de raison que « rien n'est aussi important pour la conservation de la société internationale que des règles claires et précises sur la neutralité »; et on pourrait ajouter que rien ne démontre plus clairement les progrès du droit des gens, que le respect toujours grandissant que les belligérants témoignent pour les droits des neutres. En effet, la reconnaissance de ces droits est une preuve que les intérêts pacifiques prennent de plus en plus le dessus sur l'intérêt qu'ont les combattants à porter partout la destruction et la ruine. Pour que l'arbitraire et les horreurs qui ont accompagné si longtemps la guerre disparaissent, pour que les idées modernes qui envisagent la guerre comme une lutte soumise à des règles bien établies, et que l'on doit observer même à l'égard de l'adversaire, deviennent une réalité, il faut que les belligérants s'habituent d'abord à respecter les droits des neutres. — La neutralité, c'est la non-participation impartiale d'un État à la guerre que se font deux ou plusieurs puissances. Tout État souverain a le droit de rester neutre, mais on peut se demander si un État mi-souverain a le droit de conserver sa neutralité dans une guerre dans laquelle son suzerain est engagé. La question s'est présentée pendant la guerre d'Orient à propos des îles Ioniennes, et elle fut résolue alors en faveur de la neutralité. — Autrefois on parlait aussi d'une neutralité incomplète pour désigner le cas où une des parties belligérantes tolérait qu'une puissance tierce donnât des secours à son adversaire et ne saisissait pas ce prétexte pour l'attaquer à son tour comme partie auxiliaire. On considère aussi comme une neutralité incomplète, le fait d'accorder les mêmes faveurs à toutes les parties belligérantes, par exemple, le droit de recruter des troupes dans un pays neutre. Mais toutes ces combinaisons ne reposent que sur une entente entre les parties belligérantes ; le fondement juridique leur fait complètement défaut, et c'est pourquoi le droit des gens n'a pas à s'en occuper.

Les droits et les devoirs des neutres sont dans une dépendance complète les uns des autres. Tant que l'État neutre observe les devoirs que sa situation lui impose, il a aussi le droit d'exiger que l'on respecte sa neutralité, mais il perd tous ses droits dès qu'il a violé ses obligations.

Veut-on rechercher de quel droit fondamental découle le droit de la neutralité, on reconnaîtra que ce droit est une conséquence aussi bien du droit de conservation, que des droits de souveraineté et du respect mutuel.

Quant aux difficultés que la neutralité fait naître, elles résultent pour les États faibles de leur faiblesse même qui les met dans l'impossibilité de faire respecter leurs droits par une des puissances belligérantes et qui leur fait ainsi perdre leur qualité de neutres même à l'égard de l'autre belligérant.

Placé au milieu de deux adversaires puissants, l'État neutre court le danger d'avoir à supporter les conséquences, non seulement des violations qu'il pourrait commettre lui-même, mais encore de celles que l'on pourrait commettre à son préjudice. Pour parer à cet inconvénient, les puissances garantissent parfois la neutralité d'un État faible. Considéré dans ses rapports avec les belligérants, l'État neutre est en même temps Sujet et Objet de ces violations que l'on qualifie de violations de la neutralité.

La qualité de puissance neutre entraîne avec elle certains droits et certains devoirs que nous allons indiquer sommairement. Ainsi l'État neutre n'est tenu de rendre compte à personne des motifs qui l'ont poussé à rester neutre ; il est en droit de s'armer et de lever des troupes pour défendre sa neutralité. Sa situation envers les deux parties belligérantes est la même que celle qui est établie par le droit des gens pour les temps de paix. Il peut exiger que les belligérants ne violent pas la propriété neutre qui se trouve sur leur territoire.

D'autre part, l'État neutre ne doit favoriser ni d'une manière directe, ni d'une manière indirecte l'un des deux adversaires. Il ne doit pas permettre à une armée ennemie de pénétrer sur son territoire. Il doit s'abste-

nir de tout acte de nature à gêner les opérations militaires de l'un des belligérants en dehors du territoire
neutre.

On ne saurait nier que la violation des droits des neutres ne devienne de plus en plus rare ; mais, en même
temps que le respect pour ces droits augmente, les nations civilisées cherchent à déterminer d'une manière
plus précise les obligations des États neutres. C'est ainsi
que plusieurs législations pénales condamnent et punis-
sent des actes qui violent les obligations imposées par
la neutralité, tel que l'enrôlement de soldats. Chaque
État est tenu, en outre, d'empêcher que ses sujets prennent parti pour ou contre l'un des deux adversaires, mais
on discute sur l'étendue de cette obligation. Ce qui est
certain, c'est qu'on ne peut plus regarder de nos jours,
et surtout depuis la convention de Genève, comme une
violation de la neutralité, le fait de fournir des médica-
ments ou des appareils de chirurgie à l'une des armées
en présence. De même, on ne saurait imputer à un gouvernement neutre les sympathies ou les antipathies que
la presse de son pays pourrait témoigner pour l'une des
parties belligérantes.

S. — Geffcken dans le Handbuch de Holtzendorff, IV, § 128 et
ss. ; Perels, Internationales Seerecht, § 37 et ss. ; Martens-Bergbohm, Vœlkerrecht, II, § 128 et ss. ; Rivier, Vœlkerrecht, § 67
et ss. ; Gareis, Institutionen des Vœlkerrechts, § 87 et ss. ; Heil-
born, Rechte und Pflichten der neutralen Staaten in Bezug auf die
wæhrend des Krieges auf ihr Gebiet übertretenden Angehœrigen
einer Armee, etc. 1888 ; Manuel de l'Institut de droit international. Annuaire, t. I ; de Kusserow, Les devoirs d'un gouvernement neutre, Revue de droit international, t. VI.

Quelques soins que l'on prenne pour éviter les effets de la guerre aux États qui ne veulent pas se mêler dans le conflit, on ne peut jamais éviter que ces effets ne rejaillissent aussi sur les nations neutres. La perte du crédit, l'arrêt dans la production, font que les États neutres participent, malgré eux, aux sacrifices et aux frais de la guerre. Le commerce surtout, qui ne sert pas seulement à l'activité économique des individus, mais qui est en même temps une puissante ressource financière pour les États, fait ressortir avec le plus de force l'opposition qui existe entre les intérêts des neutres et les intérêts des belligérants. Aussi, de toutes les questions qui intéressent la neutralité, la plus délicate est celle du commerce des neutres. Priver l'ennemi des objets de première nécessité, c'est un moyen efficace pour lui rendre la résistance plus difficile et pour le forcer à mettre fin à la lutte. Pour arriver à ce résultat, pour empêcher l'adversaire de tirer avantage de ses produits et de satisfaire ses besoins, chacun des belligérants doit chercher à détruire le commerce extérieur de son ennemi. Plus un État est développé au point de vue financier, plus son industrie et son commerce sont florissants, et plus ses ressources intérieures sont atteintes par suite de l'anéantissement ou même par suite de l'arrêt de son commerce extérieur. Mais si chaque belligérant a un

puissant intérêt à arrêter le commerce de son adversaire,
les nations neutres ont, pour les mêmes raisons, un
aussi grand intérêt à ne pas interrompre leurs anciennes
relations commerciales avec les pays où ils écoulent leurs
produits et d'où ils importent tout ce qui leur est nécessaire. La tâche qui incombe ici au droit des gens est de
concilier ces deux intérêts contraires. Pour arriver à
une solution équitable du problème, il faut partir de
l'idée que les belligérants doivent supporter seuls le
poids de la guerre et non pas faire retomber directement ce poids sur les puissances neutres. Il est vrai que
certaines mesures peuvent causer indirectement un dommage, même aux nations neutres, mais ces mesures n'é-
tant pas dirigées directement contre elles, elles n'ont
pas le droit de s'en plaindre. Ainsi les belligérants ne
sauraient défendre aux États neutres d'entretenir des
relations commerciales avec l'adversaire, mais, de fait,
ces relations seront troublées, en temps de guerre, sans
que les neutres aient le droit d'élever des réclamations.
Il est évident aussi que, sous aucun prétexte, les belligérants ne sauraient prendre des dispositions prohibitives à l'égard des relations commerciales que les puissances neutres pourraient entretenir entre elles. Sur
terre, ces principes peuvent être facilement appliqués.
Les communications sont la plupart du temps interrom-
pues ou dangereuses, les mouvements des armées étant
si étendus qu'il devient presque impossible d'approcher
du théâtre de la guerre, d'autant plus que tous les
moyens de transport sont utilisés pour les besoins stratégiques. En outre, les relations commerciales seront

soumises à une surveillance des plus actives, car elles peuvent servir à faciliter l'espionnage. Mais il en est autrement pour le commerce maritime. En pleine mer, il est impossible d'occuper d'une manière constante les voies maritimes ; d'un autre côté la haute mer peut servir de théâtre aux opérations de guerre et elle est, en même temps, ouverte au commerce pacifique des nations. Toutes ces circonstances rendent ici la solution du problème extrêmement difficile ; aussi, quand on parle des restrictions du commerce des neutres, c'est le commerce maritime que l'on a seul en vue. Afin de résoudre toutes les difficultés que ce problème soulève, il faudrait poser comme principe que les opérations militaires ne sont autorisées en pleine mer, qu'autant que le commerce des neutres n'a pas à en souffrir. La justesse de ce principe découle de ce que la mer n'appartient à personne et à toutes les nations à la fois. Par malheur, l'ancienne pratique des nations avait consacré justement le principe contraire, d'après lequel le commerce des neutres sur la haute mer n'était libre d'entraves qu'autant que les besoins de la guerre le permettaient. Le droit maritime actuel a fait des progrès considérables, surtout depuis 1856 où l'on a aboli la course et adopté plusieurs autres mesures qui constituent des améliorations notables. Mais il reste encore beaucoup à faire. Tant que l'inviolabilité de la propriété privée sur mer n'aura pas été proclamée, tant que la haute mer n'aura pas été fermée aux opérations de guerre, le développement des véritables principes du droit des gens sera arrêté. Néanmoins on peut soutenir, dès à présent, que les nations neutres ont le droit de défendre aux belligérants de poser des mines en pleine mer.

Dans la pratique actuelle des nations, le commerce maritime des neutres est encore soumis à quatre restrictions importantes. La liberté de ce commerce est restreinte par le droit de blocus, par les règles relatives à la contrebande de guerre et par le droit de visite. La propriété des neutres subit enfin le contrecoup de la guerre dans les cas où les marchandises neutres se trouvent réunies avec la propriété de l'ennemi.

S. — Geffcken dans le Handbuch des Vœlkerrechts de Holtzendorff, IV, 545 et ss.; Sœtbeer, Sammlung officieller Aktenstücke in Bezug auf Schifffahrt und Handel in Kriegszeiten. Grundzüge des Seevœlkerrechts der Gegenwart, 1855. Complété en 1857 et en 1859. Neue Sammlung officieller Aktenstücke, 1859-1862; F. W. Russel, The new maritime Law, New-York, 1856; Hautefeuille, Histoire des origines, des progrès et des variations du droit maritime international, 1858; J. F. Macqueen, Chief points in the law of war and neutrality, search and blockade, 1862; E. Cauchy, Le droit maritime international, considéré dans ses rapports avec les progrès de la civilisation, 2 vol., 1862; Hautefeuille, Des droits et des devoirs des nations neutres en temps de guerre maritime, 2e édit., 1858; L. Gessner, Les droits des neutres sur mer, 2e édition, 1876; Bomard, Historical Account of the Neutrality of Great Britain during the American civil war, 1871; Esperson, Diritto diplomatico e giurisdizione internationale marittima, Torino, 1872; Hall, The rights and duties of neutrals, London, 1874; G. Louis, Des devoirs des particuliers en temps de neutralité, Paris, 1877; E. Nys, La guerre maritime, Bruxelles, 1881; Schiatarelli, Il diritto della neutralità nelle guerre marittime, 1880.

§ 72. — Le droit de blocus.

Le blocus est l'investissement d'une place de guerre, d'un port ou d'une position fortifiée. En assiégeant une place forte par terre, on coupe la plupart du temps toutes les communications de cette place avec le dehors. Par mer, au contraire, l'investissement ne peut jamais être aussi complet, quand même on assiégerait, en même temps, le port bloqué du côté de la terre. Pour les États neutres, c'est surtout l'investissement des grands ports de commerce qui a une importance considérable. Si le blocus est effectif, c'est-à-dire s'il est maintenu par une force suffisante pour interdire réellement l'accès du littoral de l'ennemi, les neutres seront forcés de le respecter. On n'exige pas, il est vrai, l'impossibilité absolue d'entrer dans le port bloqué, mais il faut que les mesures soient prises de façon à rendre l'approche à tel point dangereuse, qu'un navire ne puisse forcer le blocus que par suite de circonstances tout à fait exceptionnelles. On ne saurait toutefois indiquer d'une manière générale quel déploiement de forces est nécessaire pour que le blocus soit effectif. C'est la situation géographique du port bloqué, l'importance des vaisseaux qui en ferment l'accès et d'autres faits de cette nature qui déterminent dans chaque cas particulier le nombre de navires nécessaire.

La déclaration de Paris porte que les blocus, pour

être obligatoires, doivent être effectifs. Mais il ne suffit pas d'avoir posé le principe, il aurait fallu lui donner aussi de plus amples développements, car il est excessivement important pour le droit des gens de ne pas laisser le belligérant, dont les forces sur mer sont supérieures à celles de l'adversaire, fixer, d'une manière arbitraire, le nombre de vaisseaux indispensable à un blocus effectif. Il est, en effet, démontré, que la puissance qui déclare un port bloqué ne déploie que des forces insuffisantes, et cependant elle soutient toujours le contraire lorsqu'il s'élève une contestation avec un État neutre. Pour que les États neutres soient tenus de respecter le blocus, il est, en outre, nécessaire qu'il soit notifié par les autorités compétentes. Le droit des gens ne prescrit pas des formalités particulières pour cette notification ; il suffit que les neutres soient prévenus à temps. Mais, une fois que cette formalité a été remplie, toute communication avec le port bloqué est interdite. Celui qui essaierait de pénétrer dans le port ou qui chercherait à en sortir et qui serait pris, se rendrait coupable d'un délit. Le navire, ainsi que la cargaison, deviennent la propriété de l'ennemi et tout l'équipage est fait prisonnier. Mais si des sujets d'un État neutre parviennent à forcer le blocus, c'est une preuve que ce blocus n'était pas effectif, et le gouvernement neutre n'encourt aucune responsabilité. On se demande seulement à partir de quel moment l'ennemi est en droit de considérer la violation du blocus comme accomplie, et de confisquer par conséquent le navire. Les puissances qui soutiennent avec le plus d'ardeur les droits des neutres n'admettent le droit de confiscation que dans le cas où le navire aurait été pris en flagrant délit, tandis que la théorie contraire qui défend surtout les droits des belligérants prétend que la confiscation est justifiée dès qu'un navire fait voile vers le lieu bloqué.


### § 73. — Contrebande de guerre.


Celui qui faciliterait à l'ennemi de son pays les moyens de faire la guerre, se rendrait coupable d'un crime de haute trahison. L'État neutre qui favoriserait l'un des deux adversaires commettrait une violation de la neutralité. Il est certain que le gouvernement de l'État neutre peut empêcher l'exportation ou le transit d'armes destinées aux belligérants, mais il est fort douteux que ce gouvernement ait l'obligation de le faire ou qu'il soit forcé de déployer une très grande activité pour assurer l'observation de ses mesures prohibitives, d'autant plus que la surveillance et le contrôle sont excessivement difficiles en matière commerciale. Aussi, pour sauvegarder les intérêts des puissances belligérantes, le droit des gens leur accorde-t-il le droit de veiller elles-mêmes à ce que les sujets des États neutres ne se livrent pas au commerce d'objets prohibés. Les règles relatives à cette matière autorisent, pour le moins, la confiscation des objets de contrebande, mais on discute sur le point de savoir si le navire qui sert à transporter les marchandises prohibées peut être également confisqué, et s'il est nécessaire pour cela que le capitaine ou l'armateur ait eu connaissance de la nature des objets transportés. L'antagonisme qui existe entre les intérêts des neutres et ceux des belligérants a fait naître ici aussi une question des plus difficiles et qui donne lieu à de grandes controverses. On se demande, en effet, quels sont les objets que le droit international doit considérer comme contrebande de guerre. Depuis Grotius on a cherché à résoudre la question en rangeant les différents articles de commerce en trois groupes et en proposant des règles spéciales pour chacun de ces groupes. Le premier groupe comprendrait des objets, tels que livres, papiers, etc. qui ne peuvent jamais servir aux besoins de la guerre et dont le commerce ne pourrait par conséquent jamais être interdit. Le second groupe comprendrait les objets dont l'usage est exclusivement possible pendant la guerre, tels que vaisseaux de guerre, navires de transport, armes et munitions. Pour ces objets toute prohibition spéciale est inutile. Le trafic de ces objets est condamné par les principes généraux du droit des gens. Enfin le troisième groupe comprendrait les choses qui servent tantôt aux besoins de la guerre et tantôt à ceux de la paix. (*Res anticipitus usus.*) Parmi ces objets, il faut compter les matières premières, le fer, la houille, le bois de construction, le chanvre, le soufre, le salpêtre, les matières alimentaires, le blé, les métaux précieux, l'or, les chevaux, les machines à vapeur pour les navires : bref tous les produits qui, au point de vue commercial, ont le plus d'importance et la plus grande valeur. Or, c'est précisément cette catégorie d'objets qui soulève le plus de difficultés. Chaque belligérant a en vue l'utilité que ces choses peuvent avoir pour l'adversaire, les neutres ne songent qu'à leurs intérêts commerciaux. Si on laisse les belligérants libres de décider quels sont les objets dont ils entendent prohiber le commerce, on leur sacrifie les intérêts des neutres ; mais si l'on ne prend en considération que l'intérêt de ces derniers, on sacrifie forcément les intérêts des belligérants. Pour trancher la difficulté, il n'y a, en somme, qu'un seul moyen pratique, c'est d'avoir recours au droit conventionnel. Les différentes nations devraient s'entendre de temps en temps entre elles pour décider par des traités quels sont les objets qui doivent être déclarés objets de contrebande. Mais on ne devrait jamais défendre le commerce d'articles qui ne servent que d'une manière accidentelle ou accessoire aux besoins de la guerre, et encore moins le commerce des matières premières qui ont besoin d'être travaillées pour être utilisées en temps de guerre. Dans tous les cas, chaque nation doit respecter les décisions qu'elle a prises elle-même. A-t-elle prohibé, alors qu'elle faisait la guerre, le commerce de certains produits aux États neutres, il faudra qu'elle renonce aussi au trafic de ces objets dans une guerre où elle ne serait pas engagée, et réciproquement, il faudra qu'elle permette aux neutres de faire le commerce des objets qu'elle n'a pas voulu considérer comme objets de contrebande, alors qu'elle était elle-même neutre.

Jusqu'à présent, on n'a pas encore pu établir des règles précises sur cette matière ; néanmoins, les intérêts

du commerce prédominent toujours davantage. D'ailleurs, avec les progrès de la science, les moyens de faire
la guerre deviennent tous les jours autres. Ce qui autrefois était nécessaire à un belligérant ne lui est même
plus utile, et il a, au contraire, besoin de produits qui,
autrefois, ne lui étaient d'aucune utilité. Aussi, est-il
impossible de formuler ici des principes abstraits pouvant s'appliquer à tous les cas qui se présentent. Remarquons seulement que le délit de contrebande n'existe
pas avec le moment de la conclusion du traité de vente
entre les sujets d'un État neutre et ceux de l'État belligérant. Il n'existe qu'à partir du moment où l'on a com-
mencé à remplir les obligations contractées et à livrer
les marchandises à l'État belligérant. Telle est du moins
l'opinion généralement adoptée. Certains services personnels rendus à l'ennemi, tels que le transport de
troupes ou l'expédition de dépêches, ont été également
considérés comme actes de contrebande.

La contrebande a pour but de permettre à l'adversaire
de prolonger l'état de guerre. Elle est donc contraire,
non seulement aux intérêts des belligérants, mais encore
aux intérêts pacifiques de toutes les nations, et c'est
pourquoi même les États neutres devraient s'efforcer
d'empêcher le commerce des objets prohibés.

S. — Geffcken dans le Handbuch des Vœlkerrechts de Holtzendorff, IV, § 139 et ss.; Moseley, What is contraband of war and
what is not. Comprising all the Américain and Englisch authorities
on the subject, 1861 ; Marquardsen, Der Trentfall. Zur Lehre von
der Kriegskontrabande und dem Transportdienst der Neutralen, 1862. Westlake dans la revue de droit international, II, 614 ;
H. Lehmann, Die Zufuhr von Kriegskontrabande nach Kriegführen-

den Lændern seitens Neutraler, 1877 ; Tr. Twiss, La théorie de
continuité du voyage appliquée à la contrebande de guerre.
Paris, 1877 ; Gianquinto, Diritto pubblico marittimo. Della confisca
per contrabando, Lucca, 1872 ; Bergbohm, Die bewaffnete Neutralitæt ; Geffcken, Die Alabamafrage ; Calvo, § 2267 et ss, ; Ortolan,
Diplomatie de la mer, II, 167.

## § 74. — Confiscation de la propriété neutre sur mer.

En principe, la propriété neutre ne doit être violée
ni sur terre ni sur mer. La confiscation n'est autorisée
qu'en cas de contrebande ou de violation du blocus.
Mais ces principes si simples ne sont pas toujours faciles
à appliquer et spécialement dans le cas où un navire
neutre transporte des marchandises appartenant à l'ennemi. Pour trancher cette question qui a occupé l'attention des diplomates et des savants et qui a même provoqué des luttes ardentes entre les nations, on a déjà
proposé, adopté et puis rejeté plusieurs systèmes. Le
premier système que la pratique des États avait adopté
consacrait le principe que le pavillon ne couvre pas la
marchandise, mais que la marchandise amie reste libre
même sur un navire ennemi. (Navire libre, marchandises ennemies, navire ennemi, marchandises libres.)
Cette théorie, soutenue autrefois par les Anglais, semble, de prime abord, conforme à l'équité, mais en réalité elle lèse les droits des neutres en soumettant leurs
navires à des recherches minutieuses qui entravent la
liberté du commerce. D'après un second système suivi

par la France comme mesure de représailles contre le système anglais, la qualité ennemie soit du navire, soit de la cargaison, entraînait la confiscation de la propriété neutre. Les puissances neutres, qui ne pouvaient pas avoir recours au système français, proposaient de substituer au système anglais la théorie d'après laquelle la qualité du navire devrait seule être prise en considération. Le navire était-il neutre, la cargaison devrait être libre également ; le navire appartenait-il à l'ennemi la cargaison, même la cargaison neutre, pourrait être confisquée. Juridiquement, cette théorie se fondait sur le principe que c'est la qualité du navire, c'est-à-dire de la partie principale, qui doit décider le sort de la cargaison, qui n'est que la partie accessoire. Enfin la déclaration de Paris de 1856 a cherché à donner satisfaction, dans la mesure la plus large, aux véritables intérêts de la liberté du commerce. D'après cette déclaration, le pavillon couvre la marchandise et la marchandise neutre reste libre même sous pavillon ennemi. Les belligérants conservent toutefois le droit de s'assurer de la nationalité des navires portant pavillon neutre. Ils sont, en outre, autorisés à arrêter les marchandises qu'ils trouvent sur des navires ennemis pour se convaincre que ces marchandises appartiennent, en effet, à une nation neutre. La perte de temps, les avaries que ces marchandises pourraient subir dans cet intervalle restent, il est vrai, à la charge des neutres, mais ce sont là les seuls inconvénients dont leur commerce ait encore à souffrir.

S. — Bulmerincq, Luder, Geffcken dans le Handbuch des Vœlker-rechts de Holtzendorff, IV ; L. K. Ægidi et Klauhold, Frei Schiff unter Feindesflagge, Sammlung der Bestrebungen zur Fortbildung des Seerechts seit 1856, auf Veranlassung der Bremer Handelskammer herausgegeben, 1866 ; Vidari, Del rispetto della proprietà privata fra gli stati in guerra, 1867 ; Yeaman, Some observations upon international prize law and the abolition of marine captures, 1867 ; P. Fauchille, Blocus maritime, 1882 ; Bœck, De la propriété privée ennemie sous pavillon ennemi, 1882.

## § 75. — Restrictions arbitraires du commerce des neutres.

L'ancienne pratique des nations avait admis certaines restrictions dont la légitimité paraît très contestable maintenant. Parmi ces restrictions, il faut compter :

1° La défense faite aux navires neutres de naviguer de port en port sur les côtes de l'ennemi. Comme raison de cette défense, on donnait l'impossibilité de bloquer tout un littoral.

2° La défense pour les neutres d'entretenir des relations commerciales avec les colonies qui leur avaient été fermées jusqu'au moment de la déclaration de guerre. Pour justifier cette restriction, on alléguait que les relations commerciales des neutres avec l'ennemi ne devaient pas être plus avantageuses en temps de guerre qu'en temps de paix.

3° Un droit de préemption à l'égard d'articles de commerce destinés à l'ennemi et qui, sans constituer des objets de contrebande, peuvent cependant servir aux besoins de la guerre.

4° Enfin le droit d'employer, contre une indemnité, des vaisseaux de commerce neutres pour transporter des troupes (droit d'angarie).

## § 76. — Le droit de visite.

En temps de paix, les navires de commerce ne peuvent être arrêtés ou visités sur la haute mer que dans le cas où un traité autoriserait expressément cette visite. Mais, en cas de guerre, on a toujours accordé le droit de visite aux belligérants pour leur permettre d'empêcher toute violation de leurs droits de la part des neutres. Toutefois, les navires de commerce sont seuls sujets à la visite ; quant aux vaisseaux de guerre, ils en sont exempts. Le droit de visite, que les nations neutres ont reconnu aux belligérants, est devenu un droit consacré par l'usage et qu'on ne saurait plus abolir. Cependant on doit chercher à rendre cette restriction du commerce des neutres aussi peu lourde que possible et à la maintenir dans les limites les plus étroites. Tout d'abord, la visite ne devra jamais avoir lieu dans les eaux neutres et, même sur la haute mer, on ne devra soumettre à la visite que les navires qui, selon toute apparence, viennent de quitter un port ennemi ou veulent se rendre dans un tel port. Quant aux navires qui se rendent d'un port neutre à un autre port neutre, ils ne peuvent jamais être astreints au droit de visite. Les personnes autorisées à exercer ce droit sont les commandants des vaisseaux de guerre et aussi les corsaires, dans le cas où un État n'aurait pas renoncé à la course. Une autorisation spéciale pour procéder à la visite n'est pas nécessaire, mais il n'est pas permis, non plus, d'exercer ce droit d'une façon arbitraire et sans qu'il y ait la moindre raison pour considérer un navire comme suspect. Le commandant qui violerait ainsi la liberté du commerce engagerait la responsabilité de son gouvernement. Pour justifier une pareille mesure, il faut des raisons plausibles qui fassent croire que le navire marchand transporte des articles de contrebande ou bien qu'il cache sa nationalité sous pavillon neutre. La visite peut, il est vrai, prouver le contraire, sans que l'État neutre ait le droit d'élever des réclamations; mais il aura le droit de le faire dans le cas où l'on aurait soumis à la visite un navire qu'aucun indice ne pouvait rendre suspect. Si la visite prouve que les soupçons n'étaient pas justes, on devra laisser le bâtiment libre de continuer la route qu'il suivait; si, au contraire, la visite confirme les premiers soupçons, on devra l'arrêter jusqu'à ce qu'un tribunal des prises tranche la question d'une manière définitive. Toute désobéissance envers les personnes chargées d'exercer le droit de visite ou le fait de détruire les papiers de bord avant que les recherches soient terminées, constituent des circonstances aggravantes à la charge du navire neutre. La fuite ou une résistance opiniâtre autorise le croiseur ou le corsaire à user de violence et même à couler bas le navire. Seulement, le belligérant devra, avant d'employer ces moyens extrêmes, faire semonce au neutre de s'arrêter et de s'approcher.

Quelques auteurs ont voulu établir une distinction entre une simple visite (right of visit) à bord du vaisseau neutre et des recherches minutieuses faites dans toutes les parties du bâtiment, mais cette distinction n'a aucune valeur juridique. Bien au contraire, il faut dire que celui qui exerce le droit de visite est entièrement libre d'y apporter des ménagements ou de se livrer aux recherches les plus minutieuses, selon les circonstances.

S. — W. B. LAWRENCE, Visitation and search, 1858 ; GEFFCKEN dans le Handbuch des Vœlkerrechts, IV, § 169 ; STŒRK dans le même ouvrage, II, § 95 et s. ; PERELS, Internationales œffentliches Seerecht, § 53 et s. ; V. BULMERINCQ dans le Rechtslexikon de HOLTZENDORFF, art. : Durchsuchungsrecht ; BŒCK, Propriété privée de l'ennemi, § 190 et s. ; MORRONE, Diritto maritimo del Regno d'Italia, 1882 ; Note de Lord ABERDENN au ministre d'Amérique, M. STEVENSOHN, dans les Britisch and foreign State Papers, vol. XXX, p. 1165.

## § 77. — Convoi des navires neutres.

Quelques ménagements que l'on prenne dans l'exercice du droit de visite, cette prérogative constitue toujours une entrave pour le commerce des neutres, d'autant plus qu'il donne très souvent lieu à des chicanes. Pour éviter ces inconvénients, on inventa le droit du convoi. Le gouvernement neutre, en assumant toute la responsabilité, peut faire escorter ses navires marchands par des vaisseaux de guerre qui les accompagnent de leur lieu de départ jusqu'à leur lieu de destination pour les soustraire à l'obligation de la visite. Ce principe, que le privilège du bâtiment de guerre devrait s'étendre à tous les navires convoyés, fut défendu tout d'abord par les Hollandais et avec beaucoup de raison. En garantissant l'innocuité du chargement des navires convoyés, le gouvernement neutre ne rend pas service seulement à ses sujets, il défend aussi la cause des belligérants. En outre, chaque État a le droit d'exiger que l'on ajoute foi à ses déclarations officielles, mais il faut pour cela qu'il puisse en garantir la véracité en s'assurant de la nature du chargement des navires convoyés. C'est pourquoi les navires qui viennent se joindre au convoi sur la haute mer restent soumis à la visite. Un État neutre ne saurait, non plus, se porter garant de la nature inoffensive du chargement de navires étrangers, pas même lorsque ceux-ci quittent un port appartenant à cet État. Mais lorsqu'il s'agit des bâtiments de ses sujets, presque toujours les croiseurs des belligérants n'ont même pas le droit d'exiger la preuve de l'identité des vaisseaux convoyés. Ce droit ne leur est, en effet, accordé que dans le cas où d'autres navires viendraient se joindre à un convoi qui se serait reformé après s'être d'abord dispersé en route.

## § 78. — Des tribunaux de prises.

La validité des captures en mer doit être jugée par
une juridiction spéciale de l'État auquel le capteur appartient et que l'on appelle tribunal des prises. Les vaisseaux ou les objets capturés ne sont déclarés de bonne
prise qu'après une condamnation prononcée par le tribunal compétent. La raison qui a consacré cet usage est
que l'État qui institue des tribunaux de prises soumet à
son autorité directe les navires des particuliers qui font
la course, et veille à ce que la propriété neutre n'ait
point à souffrir de violations injustes. Aussi les tribunaux
de prises constituent-ils une institution du droit public
interne et non pas du droit international. D'ailleurs, les
belligérants n'ont pas le droit de se plaindre de ce que
leur propriété a été détruite sur la haute mer sans formalités juridiques préalables. Pour l'ennemi, la perte
du droit de propriété ne résulte pas de l'adjudication,
mais de la capture même. On discute cependant sur le
point de savoir, si le fait d'avoir détruit en pleine mer
des biens appartenant à l'ennemi, sans qu'il y ait eu
condamnation prononcée par une Cour des prises, ne
doit pas être considéré comme un acte arbitraire contre
lequel *les États neutres* peuvent protester. — Mais la
plus grande dérogation aux règles générales sur la compétence, c'est le droit des belligérants de soumettre au
jugement de leurs propres tribunaux les violations de la

neutralité commises par les neutres. D'ailleurs, cette exception marche de pair avec le droit de visite et elle complète ce droit. Basée sur un prétendu *forum arresti* ou *deprehensionis*, cette compétence, qui n'a d'autres limites que le bon plaisir des puissances maritimes, est très étendue. La procédure usitée devant les tribunaux de prises est aussi, au plus haut point, contraire aux intérêts des neutres. Le procès porte le caractère d'un procès en revendication dans lequel le propriétaire du navire ou des objets capturés joue le rôle de demandeur et doit prouver le non-fondé de la capture. Or, non seulement il est très difficile de faire une telle preuve négative, mais on fait valoir encore contre les sujets neutres une foule de présomptions défavorables qui viennent s'ajouter aux difficultés qu'ils ont déjà à combattre. Ainsi, le fait que le vaisseau capturé avait appartenu autrefois à des sujets de l'État belligérant et que le sujet neutre n'en est devenu le propriétaire qu'après la déclaration de guerre, constitue contre celui-ci une circonstance aggravante. La jurisprudence des Cours de l'amirauté anglaise, ainsi que des tribunaux de prises français et américains, offre une source inépuisable à ceux qui veulent étudier, dans tous les détails, la question des prises maritimes.

Dans l'état actuel des choses, il est impossible de faire prédominer, dans cette matière, les véritables principes de justice. Tout d'abord il dépend de la volonté arbitraire des belligérants de fixer les preuves que leurs tribunaux de prises devront prendre en considération. En outre, il est très difficile au juge de juger d'une ma-

nière impartiale une affaire dans laquelle les intérêts de
son pays se trouvent engagés. Veut-on entrer dans la
voie des réformes et sauvegarder mieux les intérêts des
neutres, il faudra commencer par transformer l'organisation des tribunaux compétents. Des Cours mixtes com-
posées de juges appartenant à l'État belligérant et aux
États neutres, ou l'arbitrage d'une puissance neutre
non intéressée dans la question offrirait des garanties
suffisantes. Mais ce qui simplifierait le plus la question
et aplanirait les difficultés les plus importantes, c'est
la proclamation de l'inviolabilité de la propriété privée,
même dans la guerre maritime. La principale attribu-
tion des tribunaux de prises disparaîtrait ainsi et ces
tribunaux n'auraient plus à s'occuper que de la violation du blocus maritime et de la contrebande de guerre.

S. — Geffcken dans le Handbuch des Vœlkerrechts de Holtzendorff, IV, § 170 ; de Bulmerincq, Droit des prises maritimes dans
la Revue de droit international, t. X-XV. Le même, Vœlkerrecht, § 92 ;
Perels, loc. cit., § 52 ; Annuaire de l'Institut de droit international,
année 1875 ; Decane, Effect of war upon the trade and property
of neutrals and maritime capture and prize, 1852 ; G. Lushington,
A manual of naval prize law, 1866 ; Pritchard, A digest of the
law and practice of the High Court of Admirality of England,
2e édit., 1865 ; Katchenowski, Prize law, traduit du russe par Pratt,
1866 ; A. de Pistoye et C. Duverdy, Traité des prises maritimes
dans lequel on a refondu en partie le traité de Valin en l'appro-
priant à la législation nouvelle, 2 vol., 1855 ; Tudor, A selection
of leading cases on mercantile and maritime law, 2e vol., London, 1868 ; Barboux, Jurisprudence du conseil des prises pendant
la guerre 1870-1871 ; Gessner, Zur reform des Kriegsseerechts.
Voir aussi dans le Moniteur de l'Empire l'ordonnance allemande
du 5 février 1889.

# TABLE DES MATIÈRES

## VI. — Les conflits internationaux et la guerre.



## VII. — Les droits des neutres.



Imp. G. Saint-Aubin et Thevenot, Saint-Dizier (Haute-Marne). 30, passage Verdeau, Paris.

**ARNAULT**, *professeur à la Faculté de Droit de Toulouse*, Résumé d'un cours d'Économie politique, 1 vol. in-18 . . . . . . . . . . . . . . . . . . . . . . . . . . . . 3 fr.

**ASSER**, *professeur à l'Université d'Amsterdam*, et **RIVIER**, *professeur à l'Université de Bruxelles*, Éléments de Droit international privé ou du conflit des lois. — Droit civil. — Procédure. — Droit commercial. 1 vol. in-8 . . . . 8 fr.

**BONFILS** (Henry), *doyen honoraire et professeur à la Faculté de Droit de Toulouse*, Traité élémentaire d'organisation judiciaire, de compétence et de procédure en matière civile et commerciale. 1 vol. grand in-8 . . . . . . . . . . . . . . . 15 fr.

**GINOULHIAC**, *professeur honoraire à la Faculté de Droit de Toulouse*, Cours élémentaire d'histoire générale du Droit français, public et privé, 2ᵉ éd. 1 vol. in-8 . . . . . . . . . . . . . . . . . . . . . . . . . . . . . . . . . . . . . . . . . . . . 10 fr.

**GIRARD** (P.-F.), *professeur agrégé à la Faculté de Droit de Paris*, Textes de Droit romain annotés, 1890. 1 fort vol. in-18 . . . . . . . . . . . . . . . . . . . 8 fr.

**JOURDAN** (Alfred), *doyen à la Faculté de Droit d'Aix*, Cours analytique d'Économie politique, 2ᵉ éd., 1 vol. in-8 . . . . . . . . . . . . . . . . . . . . . . 10 fr.

**LABORDE**, *professeur à la Faculté de Droit de Montpellier*, Cours élémentaire de Droit criminel. 1 vol. in-8 . . . . . . . . . . . . . . . . . . . . . . . . . . . . 10 fr.

**NEUMANN** (Baron de), *professeur à l'Université de Vienne*, Éléments du Droit des gens public européen. Ouvrage traduit par M. DE RIEDMATTEN, *docteur en Droit*. 1 vol. in-8 . . . . . . . . . . . . . . . . . . . . . . . . . . . . . . . . . . 7 fr.

**SURVILLE et ARTHUYS**, *professeurs à la Faculté de Droit de Poitiers*, Cours élémentaire de Droit international privé, conforme au programme des Facultés de Droit, 1 vol. in-8 . . . . . . . . . . . . . . . . . . . . . . . . . . . . . . . . . . 10 fr.

**TISSOT**, Le Droit pénal, étudié dans ses principes, ses usages et les lois des principaux peuples du monde. 2 forts vol. in-8, 2ᵉ éd . . . . . . . . . . . . . . . 20 fr.

**VIDAL**, *professeur à la Faculté de Droit de Toulouse*, Introduction philosophique à l'étude du Droit pénal. Principes fondamentaux de la pénalité dans les systèmes les plus modernes (ouvrage couronné par l'Institut, Académie des sciences morales et politiques). 1 vol. in-8 . . . . . . . . . . . . . . . . . . . . . . . . . . . . . 10 fr.

**VIGIE**, *doyen de la Faculté de Droit de Montpellier*, Cours élémentaire de Droit civil français, conforme au programme des Facultés de Droit, 1890. 3 vol. in-8, 30 fr. (tomes I et II parus) chaque vol . . . . . . . . . . . . . . . . . . . . . . . 10 fr.

Imp. G. Saint-Aubin et Thévenot, Saint-Dizier (Haute-Marne), 30, passage Verdeau, Paris.

www.ingramcontent.com/pod-product-compliance
Ingram Content Group UK Ltd.
Pitfield, Milton Keynes, MK11 3LW, UK
UKHW022013170726
13837UKWH00001B/169